中国政法大学
1952—2022
70周年
CHINA UNIVERSITY OF
POLITICAL SCIENCE AND LAW
70th ANNIVERSARY

CHINA LEGAL EDUCATION RESEARCH

教育部高等学校法学类专业教学指导委员会
中国政法大学法学教育研究与评估中心 主办

中国法学教育研究
2022年第4辑

主　　编：田士永
执行主编：王超奕

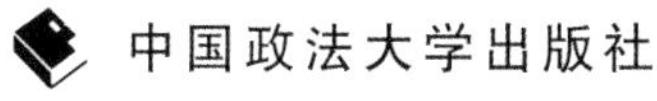

中国政法大学出版社
2023 · 北京

图书在版编目（CIP）数据

中国法学教育研究. 2022年. 第4辑/田士永主编. —北京：中国政法大学出版社，2023. 3
ISBN 978-7-5764-1253-6

Ⅰ. ①中…　Ⅱ. ①田…　Ⅲ. ①法学教育－中国－文集　Ⅳ. ①D92-4

中国国家版本馆CIP数据核字(2024)第002695号

出版者　中国政法大学出版社
地　址　北京市海淀区西土城路25号
邮寄地址　北京100088信箱8034分箱　邮编100088
网　址　http://www.cuplpress.com (网络实名：中国政法大学出版社)
电　话　010-58908289(编辑部) 58908334(邮购部)
承　印　保定市中画美凯印刷有限公司
开　本　650mm×960mm　1/16
印　张　16.75
字　数　190千字
版　次　2023年3月第1版
印　次　2023年3月第1次印刷
定　价　80.00元

目　录

CONTENTS

法学教育

课堂与教学

法律职业

百花园

法学教育

Legal Education

论法律硕士专业学位研究生的人文教育*

◎尹　超**

摘　要：在大学素质教育和通识教育改革背景下，人文教育是关于教导学生如何成人、如何做人的教育，其根本目的在于促进学生人性境界提升和理想人格塑造。由于我国大学本科人文教育存在缺失，法律硕士研究生人文教育也受到漠视，而高层次法治人才需要兼具法律理性和人文关怀双重精神品质。为此，有必要从营造人文主义文化氛围、优化人文教育课程体系和教学方法、发挥教师教书育人作用等方面，加强法律硕士研究

---

* 目前，我国法律硕士专业学位研究生以本科是否毕业于法学专业来划分，可以区分为法律硕士（非法学）专业学位研究生（又称“非法本法硕”）和法律硕士（法学）专业学位研究生（又称“法本法硕”），其中“非法本法硕”是法律硕士专业学位研究生的主体。本文主要探讨“非法本法硕”的人文教育。

** 尹超，法学博士，教育学博士后，美国康奈尔法学院访问学者（2014—2015），中国政法大学法律硕士学院副教授。

生的人文教育。

关键词： 教育改革　法律硕士　人文教育

教育部、国家发展改革委、财政部联合印发的《关于加快新时代研究生教育改革发展的意见》（教研〔2020〕9号）提出要“优化培养类型结构，大力发展专业学位研究生教育”，阐明“新增硕士学位授予单位原则上只开展专业学位研究生教育，新增硕士学位授权点以专业学位授权点为主”。国务院学位委员会、教育部联合印发的《专业学位研究生教育发展方案（2020—2025）》进一步确定将发展专业学位作为学位与研究生教育改革发展的战略重点，计划到2025年“将硕士专业学位研究生招生规模扩大到硕士研究生招生总规模的三分之二左右”。这不仅为我国研究生教育类型结构改革指明了方向，也对专业学位研究生教育的高质量发展提出了要求。就法律硕士教育而言，长期以来法学教育界主要从其法律职业教育属性出发，探讨提高法律硕士教育质量的改革措施。毋庸置疑，坚持法律硕士教育的职业化导向，应当是培养高素质法律职业人才的必然要求。但是，法律硕士教育不是要培养仅能熟练操作法律的“工匠”，因为法律人还承担着守护公平正义、促进社会和谐的重要使命。完整的法学教育不仅仅是法律职业教育，还包括科学教育和人文教育。而人文教育既是塑造法律职业者健全人格的必要环节，也是法学教育长期存在的薄弱环节。法学归根结底是人学，法律职业和法学教育具有独特而鲜明的人文性。[1] 在法律硕士教育越来越成为法科研究生教育主流的背景下，探讨法律硕士研究生的人文教育问

〔1〕 周叶中：《法学归根结底是人学》，载《湖北警官学院学报》2015年第11期。

题，对于提高法律硕士教育质量无疑是重要而且必要的。

一、大学教育改革背景下的人文教育剖析

在中国，“人文”一词最早见诸《周易》，其《贲卦·彖传》说：“刚柔交错，天文也；文明以止，人文也。”此处的“人文”是教化养成的意思。在西方，“人文”一词来源于拉丁文“humanitas”，它是由希腊文“教化”（Paideia）翻译而成，表达的是人性和教养之意。可见，“人文”在中西方文化中有一个共同的指向，那就是人性的育化或心灵的教养。与之相应，人文教育就是关于文化和人性的教育，旨在提高人性境界，塑造理想人格，其主要特征是凝练人文精神，锻造人文素质，陶冶人文素养，提高文化品位，以及培养教育过程中体现人文精神。[1] 简言之，人文教育就是关于教导学生如何成人、如何做人的教育，其根本目的是在于育人。因为人要真正成其为“人”，必须要接受人文教育，获得人文精神。然而，要深入把握人文教育的丰富内涵，有必要将其置于大学教育改革的背景下来进行梳理和剖析。

（一）大学素质教育中的人文教育

在我国，素质教育作为一种以提高受教育者诸方面素质为目标的教育模式，在20世纪90年代从基础教育开始并逐渐扩展到高等教育。1993年，国务院发布《中国教育改革和发展纲要》（中发〔1993〕3号）提出“中小学要从应试教育转向全面提高国民素质的轨道，面向全体学生，全面提高学生的思想道德、文

〔1〕 蒋洪新：《加强研究生人文教育之我见》，载《学位与研究生教育》2018年第5期。

化科学、劳动技能和身体心理素质，促进学生生动活泼地发展”。当时，素质教育代表着一种教育思想和理念的转变，成为我国教育改革和发展的方向，也成为高等教育追求的理想。我国大学素质教育突出表现在对文化素质教育的重视上，这也是中国高等教育现代化的重要步骤。1995年，原国家教委印发《关于开展大学生文化素质教育试点工作的通知》，在全国52所高校开展文化素质教育试点工作。1998年，教育部成立了高等学校文化素质教育指导委员会，并印发了《关于加强大学生文化素质教育的若干意见》，明确了文化素质教育的基本内涵：“大学生的基本素质包括思想道德素质、文化素质、专业素质和身体心理素质，其中文化素质是基础。我们所进行的加强文化素质教育工作，重点是指人文素质教育。”1999年，中共中央、国务院颁发的《关于深化教育改革全面推进素质教育的决定》将文化素质教育推向高潮，该决定明确指出：“高等教育要重视培养大学生的创新能力、实践能力和创业精神，普遍提高大学生的人文素养和科学素质。”2018年，教育部印发了《关于加快建设高水平本科教育 全面提高人才培养能力的意见》，再次对人文素质教育予以了高度关注。大学素质教育是作为一个整体而存在的，既要培养人文素养，也要培养科学素质。但是，在高等教育的观念和实践中，素质教育强调的是全面素质教育基础上的人文素质教育，大学的素质教育往往也被称为“人文素质教育”。[1]

我国高等教育的素质教育转向有着深刻的历史和现实背景。1952年，我国进行了全国高等学校的院系调整，并效仿苏联的专

---

〔1〕 参见潘懋元、高新发：《高等学校的素质教育与通识教育》，载《煤炭高等教育》2002年第1期。

才教育模式建立了高度专门化的高等教育体系。这种以培养专门人才为目的的专才教育体系使得单科院校成为主体，也导致学科之间的联系被割裂。当时，专才教育对迅速培养出我国经济建设所需要的高级专门人才非常必要，而且也确实为我国经济、科技、文化事业的发展做出过巨大贡献。但改革开放后，这种专才教育模式所固有的人文素质教育缺失的弱点日益发展为严重的弊端，[1] 甚至造成高等教育领域理想主义缺失和人文精神匮乏，并引发大学拜金主义、机会主义、急功近利、技术至上思潮的流行。因此，大学素质教育是针对高等教育片面追求专业化和大学生知识结构不断窄化、人文素养日趋弱化的实际情况而提出的纠偏导正的举措。它从根本上否定了以知识传授为重点的教育模式，将文化素质作为大学生基本素质的基础，重点强调人文素质教育，就是要“通过知识传授、环境熏陶等培养受教育者的人文精神，提升其人性境界、塑造健全人格以及实现自我与社会价值”。[2]

从哲学上讲，这项教育改革转向是马克思主义“人的全面发展”学说和中国传统思想文化在教育领域的应用和实践。马克思主义关于人的全面发展的教育思想，明确将人的全面发展视作教

---

〔1〕 中国科学院杨叔子院士将高等教育存在的弊端概括为“五重五轻”，即重理工，轻人文；重专业，轻基础；重书本，轻实践；重共性，轻个性；重功利，轻素质。参见杨叔子：《人文教育 现代大学之基——关于大学人文教育之我感与陋见》，载《职业技术教育》2001年第10期。著名学者王义遒则将中国高等教育存在的弊端总结为“九重九轻”，即重专业，轻基础；重科技，轻人文；重做事，轻做人；重技能，轻素质；重共性，轻个性；重理论，轻实践；重课内，轻课外；重灌输，轻参与；重平坦安排，轻自主除障。参见王义遒：《大学通识教育与文化素质教育》，载《北京大学教育评论》，2006年第3期。

〔2〕 袁芳、王顶国、王利广：《新形势下研究生素质教育的探索与实践》，载《曲阜师范大学学报（自然科学版）》2018年第3期。

育的理想与目的；中国传统思想文化向来重视“做人”和“明明德”的“化育”。[1] 因此，大学教育在强调专业教育的同时，必须注重大学生的人文精神和人文素质培养，引导大学生学会“怎样做人”以及“怎样做一个好人”，以全面地关照大学生的成长与发展；既要教育学生要解决好人自身的理性、意志和情感等方面的问题，也要教导他们处理好人与自然、人与社会、人与人之间的关系。这就需要“通过加强对大学生进行文、史、哲、艺术等人文社会科学和自然科学方面的教育，以提高全体大学生的审美情趣、文化品位、人文素养和科学素质”。[2]

（二）大学通识教育中的人文教育

如果说大学素质教育作为一种教育理念和教育实践，是“我国高等教育的本土化的创新”，[3] 那么大学通识教育就是一种“舶来品”。虽然通识教育理念在古代中国先秦时期就已出现，[4] 但通识教育作为中国高等教育的一个潮流，是在20世纪90年代伴随着大学素质教育改革运动，借鉴域外做法逐渐兴起的。在这次教育改革背景下，一方面是1999年教育部主导在部分顶尖理工科大学设立一批国家大学生文化素质教育基地，另一方面是

---

〔1〕 这种“化育”不是从外在的角度以政治道德伦理规范去约束人，而是将理想转化为信念，将信念转化为情感，让情感最终支配人的行为。参见杨叔子、余东升：《文化素质教育与通识教育之比较》，载《高等教育研究》2007年第6期。

〔2〕 周远清：《素质 素质教育 文化素质教育——关于高等教育思想观念改革的再思考》，载《中国大学教学》2000年第3期。

〔3〕 杨叔子、余东升《文化素质教育与通识教育之比较》，载《高等教育研究》2007第6期。

〔4〕 《周礼·地官》记载：“保氏：掌谏王恶，而养国子以道。乃教之六艺。”这种包括礼、乐、射、御、书、数的六艺，体现了文事与武备兼具，道德与知识、技艺并重，身心交融、人我互动的境界。《大学》中记载：“大学之道，在明明德，在亲（新）民，在止于至善。”这完全可以用来解释现代大学人文教育的目的。《中庸》中主张的做学问应“博学之，审问之，慎思之，明辨之，笃行之”，认定博学多识就可达到出神入化、融会贯通的境界。

2005年前后一些文理兼长的综合性大学自发地开始通识教育改革。文化素质教育和通识教育都是针对高等教育质量问题，尤其是过度专业化导致学生片面发展的问题而提出的，教育宗旨都是培养完整的人、有教养或高素质的人。相比之下，文化素质教育产生于对大学教育过度专业分化和重理工轻人文的自我反省，是对苏联专才教育模式弊端的纠偏。而通识教育的提出是为了避免大学教育沦为单纯的专业教育或职业教育，培养既具有涵养又掌握高度专业化知识的人才。从纠偏到建构，文化素质教育和通识教育在中国高等教育改革的道路上接力推进。[1] 对此，20世纪90年代以后高等学校广泛开展的国际教育交流无疑具有很大的推动作用。美国的自由教育和通识教育理念以及日本的教养教育观念对我国高教界有重要启迪；而我国台湾和香港地区的一些大学提倡的通识教育以及有的大学提出来的“全人教育”更给许多学校展示了具体的“模板”。[2]

西方通识教育（General Education，亦译为普通教育、一般教育或通才教育）的理念，可以溯源到古希腊亚里士多德所倡导的自由教育（Liberal Education，亦译为文雅教育或博雅教育）。自由教育从人类生命主体出发，追求精神自由、心灵解放。在现代大学的发展历程中，由于工业革命的兴起和科学主义的发展，非功利的自由教育逐渐被功利的专业教育所取代，而专业主义和工具主义的盛行使人成为知识的附庸。现代通识教育就是高等教育领域针对专业主义教育和职业主义教育而产生的教育理念与教育

---

〔1〕 陆一：《从“通识教育在中国”到“中国大学的通识教育”——兼论中国大学专业教育与通识教育多种可能的结合》，载《中国大学教育》2016年第9期。

〔2〕 王义遒：《大学通识教育与文化素质教育》，载《北京大学教育评论》2006年第3期。

模式。1928年，美国耶鲁大学在《耶鲁报告》中第一次使用了“General Education”一词，强调大学教育的目的在于“提供心灵的训练和教养”。1930年，赫钦斯（Robert Maynard Hutchins）出任美国芝加哥大学校长后推行的经典名著学习运动，开启了现代通识课程的先河。1945年，美国哈佛大学颁布《自由社会中的通识教育》（General Education in a Free Society）的研究报告，强调通识教育的目的是培养对社会负责任的人以及合格的公民；这是迄今为止第一部系统论述通识教育的著作，它也成为二战之后各类高等院校通识教育的纲领性文件。1979年，哈佛大学通过了《哈佛大学文理学院关于共同基础课程的报告》教学改革方案，使通识教育在哈佛大学成为课程教学改革的主要形式。虽然通识教育在美国存在不同的认识和实施方式，但“都有回归古典教育理念的意思，认为一个人在成为专家之前，必须先接受教育成为真正的人。在这方面，通识教育的确是自由教育传统的延续”。[1] 因此可以说，现代通识教育既是对自由教育继承前提下的更新和升华，又是对专业教育或职业教育的批判和回应，是将欧洲的自由教育与美国的本土实践相结合而产生的一种教育思想和实践，是美国高等教育的创新之举。[2] 随着社会变迁和知识结构的变化发展，美国的通识教育理念和模式逐渐被世界不同国家和地区引进。虽然不同国家和地区的通识教育在实施层面会存在一定差异，但它们都有一个共同的指向，那就是培养能独立思考、对不同学科有所认识且能融会贯通的全面发展的人，“均强调

---

〔1〕 张灿辉：《通识教育作为体现大学理念的场所——香港中文大学的实践模式》，载《大学通识报》2007年第2期。

〔2〕 黄福涛：《从自由教育到通识教育——历史与比较的视角》，载《复旦教育论坛》2006年第4期。

教育人成为有反省的自由人（Free Thinker）和好的公民（Good Citizen）”。[1]

总结来说，通识教育与文化素质教育的思想精神实质是相通的，二者都是针对高等教育过度专业化导致学生片面发展的问题而提出的，都是为了实现人的解放和全面发展，也都十分重视人文素质的培养。因此，有学者将文化素质教育看作是通识教育的“中国版”原型，是通识教育的本土化探索。[2] 在这个意义上，文化素质教育应是中国大学在不断逼近通识教育理想过程中一个阶段性的产物，它可以看作通识教育在我国的一种尝试。[3] 但在具体实施上，二者也存在一定的差异。严格来说，文化素质教育主要是一种教育思想和观念，而不是一种教育模式。它应当贯彻落实在高等教育的全过程，体现在所有的大学教育教学环节和形式中，而不是一个特殊的教育模块。换言之，文化素质教育并不是专业教育之外的另一部分，而是对专业教育的超越，表现为从促进学生的认知发展向综合素质全面发展的深化和从专业教育向综合素质教育的拓展。[4] 而通识教育既是一种教育理念，也是一种教育方式或模式。[5] 一般而言，通识教育与专业教育相对立并行，是作为专业教育之外的一个单独的教育模块来实施

---

〔1〕 The Carnegie Foundation for the Advancement of Teaching. Missions of the college curriculum: A contemporary review with suggestions . San Francisco: Jossy—Bass, 1997, p. 165.

〔2〕 王洪才、解德渤:《中国通识教育 20 年：进展、困境与出路》，载《厦门大学学报（哲学社会科学版）》2015 年第 6 期。

〔3〕 周谷平、张丽:《我国大学通识教育的回顾与展望》，载《教育研究》2019 年第 3 期。

〔4〕 潘懋元、高新发:《高等学校的素质教育与通识教育》，载《煤炭高等教育》2002 年第 1 期。

〔5〕 庞海芍、郇秀红:《中国高校通识教育：回顾与展望》，载《高校教育管理》2016 年第 1 期。

的，是专业教育的先导和补充，完善通识教育课程并使之与专业教育有机结合是通识教育面临的主要课题。因此，文化素质教育可以说是较通识教育更为宽泛的概念，它在一定程度上也包含了“专业”。甚至，通识教育也可作为开展文化素质教育的一种形式和具体措施。[1] 总之，不管通识教育与文化素质教育的关系如何被理解和认识，人文教育都应当是二者的共通之处，都涉及学生“做人”的问题。这里的“做人”就是要做一个对社会、民族和国家负责任的，能与人和谐相处，促进个人和事业发展的人。[2] 显然，人文教育是要在知识的传授和技能的习得之外，促进学生人文素质的提升、人文情怀的养成、人文关怀意识的自觉。[3] 这种教育有助于深化学生对于生命意义、人的价值的洞察思考，从而使他们的精神、情感和心灵世界得到完善、发展和升华。[4]

二、法律硕士人文教育的理由论证

1995年4月召开的国务院学位委员会第13次会议通过了《关于设置法律专业硕士学位的报告》，1995年5月国务院学位委员会办公室发布了《关于开展法律专业硕士学位试点工作的通知》（学位办〔1995〕36号），确立了8所院校作为首批试点单

---

〔1〕 潘懋元、高新发：《高等学校的素质教育与通识教育》，载《煤炭高等教育》2002年第1期。

〔2〕 王义道：《大学通识教育与文化素质教育》，载《北京大学教育评论》2006年第3期。

〔3〕 于慈江：《我所理解的通识教育与人文教育》，载《群言》2018年第2期。

〔4〕 蒋洪新：《加强研究生人文教育之我见》，载《学位与研究生教育》2018年第5期。

位，[1] 这标志着中国法律硕士教育制度的创立和法律硕士教育的正式起步。近三十年来，我国法律硕士教育取得了很大发展，招生单位由1996年的8个增加到2022年的238个（另有11所大学未招生但接受调剂），招生人数也由最初的539人增加到2022年的21 617人。随着法律硕士招生数量和培养规模的快速扩张，有不少学者对如何提高法律硕士的培养质量展开讨论，但更多是从法律知识、法律思维、法律语言、法律技能和职业伦理等方面做出探讨，却往往忽视了人文教育对法律硕士卓越人才培养的重要性。法律硕士教育的基本定位不只是法学专业知识的传授，还包括法律职业素质的教育养成，是法学教育的教育属性和法律属性的有机结合。从其创立的初衷来看，它就是要重新寻求法学教育适度的平衡点即教育属性和法律属性的平衡状态。[2] 因此，对法律硕士人文教育必要性的考量，也有必要从其教育属性和法律属性两个层面来分析阐发。

（一）大学本科人文教育的缺失

法律硕士教育属于一种大学后教育，也就是研究生阶段的教育，对于“非法本法硕”来说又是一种跨学科教育。这意味着，大学本科阶段的人才培养质量直接影响到法律硕士教育的生源质量，而人文素质又是人才培养质量的重要衡量标准。如前所述，自20世纪90年代开始，我国教育部和许多高校都推动大学教育改革，推行文化素质教育，并有不少高校开始探索本科教育逐渐转向通识教育的路径。但在实践中，我们不难发现通识教育在当

---

〔1〕 这八所院校包括中国人民大学、北京大学、中国政法大学、对外经济贸易大学、吉林大学、武汉大学、西南政法大学和华东政法大学等。

〔2〕 霍宪丹：《中国法治的造型基因——简论国家司法考试制度的建立与法律人才培养模式的重塑》，载《环球法律评论》2004年第4期。

代大学教育中正出现一种矛盾与困境：一方面，通识教育教育理念的重要性被不断地肯定；而另一方面，通识教育的重要性在实行中又不断地被淡化甚至忽视。[1] 由此产生的人文教育弱化会造成人的自觉性、人的德行、人的教养和人的奉献精神的消弭，导致大学生精神空虚、道德堕落、冷漠麻木，这不能不对法律硕士研究生在人文素养方面的生源质量产生影响。

造成大学人文教育缺失的原因很多，其中最为突出的是大学教育专业化或职业化、功利性倾向严重。首先，历史遗留因素的影响。从 1952 年院系调整以来，我国长期采用苏联的大学体制，即使经过自 20 世纪 90 年代开始的大学素质教育和通识教育改革，专业教育至今在我国大学长期居于主导地位，人文教育受到不同程度的“挤压”。时任中国高等教育学会理事会会长的瞿振元在回顾中国高等教育的三十年历程时就曾不无忧虑地指出，高等教育的“人文教育过弱、教学内容偏旧、教学方法偏死的问题还没有根本性的改变”。[2] 其次，大学教育的实用主义思想、应试教育所造成的工具理性思维以及现实的就业环境，让很多高校和大学生认为大学教育的直接目的就是就业或者深造，甚至大学本科教育被认为只是为考研服务或者做准备。这就产生了“大学教育高中化、研究生教育本科化的趋势”，[3] 其结果就是导致大学专业教育进一步得到加强，而人文教育则受到不同程度的弱化。

人文教育知识化和工具化也是我国大学人文教育弱化的重要原因。当前我国大学对人文教育普遍存在误解，将人文教育等同

---

〔1〕 金耀基：《大学之理念》，三联书店 2001 年 12 月版，第 144 页。

〔2〕 瞿振元：《大学的革新》，商务印书馆 2018 年 2 月版，第 48 页。

〔3〕 李松涛：《要警惕大学教育高中化研究生教育本科化》，载《中国青年报》2006 年 7 月 17 日，教育版。

于人文知识的传授；有的高校认为只要开设了人文学科专业或者人文学科选修就是对学生进行了人文教育，有的高校甚至仅以“两课”（马克思主义理论课和思想政治教育课）以及各种概论式通选课来落实人文教育。简单来说，人文教育可以包括两个方面：人文知识的教育和人文素养的教育。人文知识只是人文教育内容里面的一个方面，而人文素养教育就是把知识变成人身上的一种成分，变成人的思维品质和情感。[1] 因此，大学人文教育除了要向学生传授人文知识，更应该“把教育同学生的幸福、自由、尊严和终极价值联系起来，以全面发展的视野培养全面发展的人”。[2] 但是实践中，大学人文教育更多表现为课堂人文知识的传授，从而偏离了人文教育“培养人文精神、完善人性”的本质和核心。

（二）法律硕士专业人才培养的内在需要

根据2017年发布的《法律硕士专业学位研究生指导性培养方案》，法律硕士专业学位主要培养德才兼备的高层次的复合型、应用型法治人才。而这种法治人才“一定要有法律学问，才可以认识并且改善法律；一定要有社会的常识，才可以合于时宜地运用法律；一定要有法律的道德，才有资格来执行法律”。[3] 由此可知，法律硕士的培养目标应当包括“成才”和“成人”两方面的内容：一方面是使学生成为具有精深法律学问和良好法律素养的专业人才，另一方面是让学生真正成为具有良好人性品格、健全人文情感的法律人。二者应该相互融合、相得益彰，而不能相

---

〔1〕 张楚廷：《大学人文教育与人的解放》，载《高等教育研究》2011年第2期。

〔2〕 李丽：《大学人文教育的重要性及实施策略研究》，载《江苏教育学院学报（社会科学版）》2009年第2期。

〔3〕 孙晓楼：《法律教育》，中国政法大学出版社1997年12月版，第12~13页。

互割裂、相互背离。因此，法律硕士教育不仅要向学生讲授法律知识、法学理论和法律职业技能，更要引导学生去探寻法律背后的人文精神，促进学生形成正确的价值观念、高尚的法治品格和坚定的法律信仰。法学专业人才较之其他学科的专业技术人才更需强化人文底蕴和人文精神的培养，这是由法治的人文基因和法学的内在品格共同决定的。[1]

法治是法律之治。法治实现的关键在于人对法价值的认同、对权利的自觉保护和对义务的自觉遵守，而前提是法治之法必须是人性的护卫者、人权的守护神和正义的化身，这恰恰是人文精神的理想和追求。法治又是法律人之治。[2] 法治理想的实现特别强调法律人的作用，特别关注作为法律人才的具体的“人”，要求法律人不仅要拥有精深的法律学问和审慎的法律理性，还要具有厚实的人文底蕴和健全的心性品格。无论是作为一种思想观念，还是作为一种制度安排，法治都是以人为根本、以人性需求为核心展开的。从法治理念的提出到法治实践的推进，法治都承载着“以人为中心”的人文主义价值和精神，将解放和发展人本身作为终极目的，并以具体法律制度和法治运行机制捍卫人的主体地位，保障人的权利自由，维护人的人格尊严。而且，随着人类法治文明的不断进步，人的价值会不断彰显，权利保障也会日益完善。可见，法治具有深厚的人文基因，人文精神是贯穿于法治发展进程的价值主线。若以一种简洁的方式来理解法治与人文关怀的关系，可以认为，人文精神为法治提供着终极性的合法性

---

〔1〕 周叶中:《论法学专业人才人文精神的培养》，载《中国法学教育研究》2015年第3期。

〔2〕 孙笑侠等:《法律人之治——法律职业的中国思考》，中国政法大学出版社2005年4月版，第18页。

资源，而法治则以规范化与制度化的形式确保人文理想在人的现实生活之中有条件地实现。[1]

从学科属性上说，法学在中国往往被归入社会科学。《中国大百科全书·法学》就将法学定义为："法学，又称法律学、法律科学，是研究法这一特定社会现象及其发展规律的科学，属于社会科学的一个学科。"社会科学侧重于研究社会现象和社会发展规律，其基本思路是对某一事物进行比较客观的描述、评价、预测。但是，与社会科学中的其他学科相比，法学还具有鲜明的人文性。法学关注着人的需求、权利、利益和尊严，体现着以人为核心的价值判断和意义追寻，向社会传递着公平、正义、自由、秩序等价值理念。法学是人性之学、自由之学、权利之学、正义之学、促进人的发展之学。在这个意义上说，法学就是以人性为根基、自由为基础、权利为核心、正义为统领、发展为目的，集中体现人文关怀和人文精神的学问体系。[2] 法学强调对人的价值的关怀、对人性问题的关注以及对人的权利和自由的关切，这是法学作为人学的内在品格，这种品格使得法学具有鲜明的人文特质。因此，法治的人文基因和法学作为人学的品格决定了一个真正优秀的高层次法治人才须要德才兼备、德法兼修，兼具法律理性和人文关怀双重内在精神品质。

（三）法律硕士人文教育的现实不足

党的十八届四中全会对推进依法治国做出全面部署，强调创新法治人才培养机制，这对加强法律硕士专业学位研究生教育提出了新的要求。为此，我国法律硕士教育在招生考试制度、法律

---

〔1〕 姚建宗：《法治的人文关怀》，载《华东政法学院学报》2000 年第 3 期。

〔2〕 周叶中：《论法学专业人才人文精神的培养》，载《中国法学教育研究》2015 年第 3 期。

硕士教育与法律职业资格衔接、研究生培养流程、师资队伍建设、评价监督机制等方面进行了改革探索。[1] 这些改革措施对于完善法律硕士培养体系与机制，全面提高法律硕士教育质量具有非常重要的作用。但是，法律硕士培养质量的提升是一个综合性的概念，它不仅包括法律知识、法律思维和实践能力等方面的训练，还包括品性塑造、人文精神和职业伦理的培养。实践中，我国当前法律硕士研究生教育着重于造就实用性法律人才，强化课程体系的专业性和人才培养模式的职业性，却缺乏法学教育和法治人才培养应有的人文性。

法律硕士人文教育的缺失问题具有深刻的社会背景。随着市场经济的发展和高等教育的大众化，研究生教育在整个高等教育体系中的比重显著增加，这给研究生人文教育带来了挑战。首先，市场经济对教育价值取向的功利性带来影响。市场经济强调物质利益，追求利益最大化。在市场经济影响下，研究生教育专业化、职业化和功利化日趋严重，其结果就是直接经济价值较低的人文教育被边缘化、形式化。同时，市场经济所产生的极端利己主义和道德虚无主义也强烈侵蚀着师生的心灵，造成研究生和导师之间关系的异化，给研究生人文教育带来了难度和冲击。其次，研究生生源的差异化增加了研究生人文教育的难度。研究生生源依托于大学本科教育，在高等教育大众化的影响下，本科教育质量近年来不断下降，再加上研究生招生规模不断扩大，导致研究生生源在院校层次、学科背景、思想道德水准等方面呈现良

---

〔1〕 参见王红等：《深化专业学位研究生教育综合改革 提高法律硕士研究生培养质量》，载《学位与研究生教育》2016年第1期。

莠不齐的状况，这无形中加大了精英化人文教育因材施教的难度。[1] 最后，严峻的就业形势导致研究生人文教育受到了实用教育的冲击。受国际国内经济政治形势和新冠疫情的影响，近年来不少专业的高校毕业生就业形势日趋严峻，这导致研究生教育的人才培养模式呈现出以就业市场为导向的倾向，诱使研究生的教育价值取向越来越偏重工具理性，越来越偏向知识技能培养而忽视人文教育。

法律硕士人文教育的缺失，主要表现在以下几个方面：一是法律硕士教育重视工具性而忽视本体性。实践中，我国法律硕士人才培养过分强调法学教育的工具性价值，片面追求实用性社会需求的满足，却忽视了法学教育的本体性价值，忽视了法律硕士专业人才的品格塑造和人格完善，这样就很难培养出坚守法律信仰、富有人文关怀、具有高尚品格和职业操守的高层次法学专业人才。二是法律硕士教育重视职业性而忽视人文性。根据 2018 年司法部公布的《国家统一法律职业资格考试实施办法》，参加国家统一法律职业资格考试取得法律职业资格是法律职业准入的基本条件。法律职业资格考试因通过率低而被称为“最难职业资格考试”和“中国第一大考”。当今，学生就业率称为评价高校法学教育成果的重要指标，也是提高高校招生吸引力的重要因素。在就业压力和招生压力的双重影响下，不少高校的法律硕士教育都是围着法律职业资格考试的指挥棒展开的。法律硕士教育的职业性和技术性被强化，而关乎学生人文精神、法律信仰和法律职业道德培养的人文教育却受到挤兑。这种急功近利的法律硕

---

[1] 参见王红等:《深化专业学位研究生教育综合改革 提高法律硕士研究生培养质量》，载《学位与研究生教育》2016 年第 1 期。

士教育是割裂、残缺的教育，充其量能培养出一些法律工匠，而难以培养出具有崇高法治人格和高尚职业操守的高层次法治人才。

三、加强法律硕士人文教育的有效途径

在新时代，人文教育是落实立德树人根本任务的重要途径，也是提高人才培养质量的重要基石。人文教育的缺失不仅会影响到大学的文化品位，还会影响到专业教育或职业教育的成色。有人说，“凡一流大学必拥有一流人文教育，凡没有一流人文教育的大学成不了一流大学”，[1] 因为人文教育是大学教育的根底和灵魂。在此，我们要说，一流的法律硕士教育也需要一流的人文教育。毕竟，高等院校的专业教育或职业教育不是独立存在的，人文教育构成专业教育或职业教育的基础和底蕴。正是基于人文教育与专业教育或职业教育以及整个大学教育的紧密关系，加强法律硕士人文教育也应该是一项系统工程，需要利用大学的多元要素做出全方位的努力。

（一）营造浓厚的人文主义文化氛围

当今世界的错综复杂和矛盾冲突，达到了前所未有的程度，人们寄望于教育能够培养个人和社会掌握适应变化并做出反应的能力。2015 年 11 月，联合国教科文组织发布《反思教育：向“全球共同利益”的理念转变?》研究报告。该报告在谈到 21 世纪需要什么样的教育时，提出“未来教育要以人文主义为基础”。[2] 尽管人文主义教育随着社会条件的发展变化而经历了较

---

〔1〕 张楚廷：《大学人文教育与人的解放》，载《高等教育研究》2011 年第 2 期。

〔2〕 顾明远：《中国教育路在何方》，人民教育出版社 2016 年 8 月版，第 142 页。

大变迁，在不同时期被注入了新的内容，但是它关注人并以人为中心的核心理念并没有变。报告对人文主义价值观的解释是："尊重生命和人格尊严，权利平等和社会正义，文化和社会多样性，以及为建设我们共同的未来而实现团结和共担责任的意识。"〔1〕 在新的发展时期，联合国教科文组织对人文主义教育的重申，正是对人文主义强调用人的眼光来看人，关注人的内心世界和精神生活，强调人的价值和尊严等核心内涵的再次申明和重视。〔2〕

在此背景下，加强法律硕士人文教育首先要树立人文主义教育观。教育的人文主义是以批判科学主义和功利主义的姿态出现的，主张教育应该树立以学生为中心的教育观念，以促进人的全面和谐发展为目的，注重培养富有主体精神和创新精神的人。因为"教育如果以满足现实的社会需要为主，以此为出发点，就容易使教育误入歧途。教育在满足社会需要的同时，更要关注人自身的完整、自由发展"。〔3〕 法律硕士教育也要遵循教育的普遍规律，不能只是单一的法律知识灌输和职业技能培训。近年来，法律硕士教育越来越强调职业素养教育，却忽略了对学生人文素养的培育。有人可能会说，人文教育应该是大学本科阶段的任务，法律硕士教育是法律职业教育，更应该注重法律专业知识、职业思维和职业能力等方面的训练。当然，我们在此强调树立人文主

---

〔1〕 UNESCO: Rethinking Education: Towards a global common good? available at https: //inruled. bnu. edu. cn/informationservice/publications/OtherPublications/129152. html, last visted on 2023-2-9.

〔2〕 白玲、张桂春：《人文主义教育：我国职业教育之魂的丢失与重拾——基于联合国教科文组织对人文主义教育的重申》，载《职教论坛》2017 年第 10 期。

〔3〕 严璇璇：《浅谈人文主义教育观与功利主义教育观》，载《吉林省教育学院学报》2009 年第 8 期。

义教育观，并不是要否定法律硕士教育的职业教育属性，而是借此增强高校师生的人文教育意识。法律职业教育本就是法律硕士教育的题中应有之义，而职业教育与人文教育并不矛盾，而且作为法律职业教育重要方面的职业信仰和职业伦理，其精神内核也离不开人文主义文化。

一所大学的文化格调是由高校的各个文化环境因素聚合而成的，充盈在学校由内而外的各个方面，并作为一种无形的氛围的力量对学生产生潜移默化的影响。在教育界有一种"泡菜理论"，[1] 说的就是不同学校的文化氛围、校风校貌会培养出不同品格和精神气质的学生。因此，大学人文教育需要重视营造人文环境，让师生处于一个良好的文化氛围之中，在无声无息中提升他们的内心境界。因此可以说，办大学就是要办出一个氛围，文化素质教育的最高境界就是要营造一种氛围，一种无处不在、润物细无声的良好氛围。[2] 法律硕士的人文教育也需要从大学和培养单位的角度，创造一个充满人文精神的环境和氛围，包括行政、教学、后勤等部门在内的管理人员也都应具有一定的人文底蕴，在工作中坚持以人为本，多一些人文关怀，少一些世态炎凉，把人文关怀渗透到学校教育教学管理服务的各个环节中去，让学生在浓厚的人文气息和和谐的人际关系中接受浸润和熏陶，最终内化成为他们身上优秀的道德品质和人文素养。

（二）优化人文教育课程体系和教学方法

课程是实现教育目的和目标的手段或工具。法律硕士人文教

---

[1] 教育界的"泡菜理论"是20世纪90年代由哲学大师、教育家涂又光先生提出的。"泡菜理论"说的是泡菜的味道取决于泡菜汤，校园环境好比泡菜汤，它影响和决定了浸泡其中的学生的精神风貌和行为风格。

[2] 刘献君：《文化素质教育论》，高等教育出版社2009年版，第156页。

育也需要以课程教学为基础，以知识传授为媒介，建立优化的人文课程体系，利用好人文教育的显性课程和潜在课程。显性课程主要是见诸教学计划的专业课（包括必修课和选修课），而潜在课程则是教学计划之外弥漫于整个校园的人文学术活动。针对法律硕士专业学位研究生学习时间紧、课业任务重的实际情况，加强人文教育需要整合现有人文教育资源，最大限度发挥显性课程和潜在课程的效用，并探索高效的教学方法使人文教育落到实处。

第一，要开发思想政治理论课的人文教育价值。“两课”是大学本科阶段素质教育的重要内容，对学生良好文化素质的养成起着重要作用。在研究生阶段，不同形式的思想政治理论课仍然发挥着研究生思想政治教育的主导作用。其实，思想政治理论课与人文教育在教学目标、教学内涵和育人功能等方面存在共通之处，而且各高校都在努力探索加强和改进研究生思想政治教育的有效形式和办法，以提高思想政治理论课的可接受度和教学效果。此时，思想政治理论课可以根据授课对象的变化进行价值取向调整。教学的价值目标由政治宣传转向传道授业解惑？传什么道？传做人之道，做优秀中国公民之道。做优秀的社会主义中国公民之道；授何业？授合格、优秀公民之政治、道德、法律之业；解什么惑、解现实社会中的疑点、难点之惑。教学内容由单纯的政治教育转向公民教育。教学思维由单纯的意识形态转向道德教育。[1] 这种价值取向的转变需要思想政治理论课程注入更多人文教育的内容，把人文精神渗透到课程教学各个环节中去。

---

〔1〕 叶美兰：《素质教育视野下“两课”教学的价值取向》，载《理论界》2005年第9期。

如此，思想政治理论课在注重实现思想政治教育的宏观目标、社会功能和社会价值的同时，更要注重彰显其促进学生身心全面发展、关注学生终极追求的人文关怀价值。[1] 在思想政治理论课程中融入人文精神和人文关怀价值，确立以人为本的目标追求，就是为了把思想政治理论课程打造成研究生人文教育的重要阵地。

第二，要挖掘法学专业课程中的人文内涵。现代法律以人作为根本出发点和最终目的，一切进步的法律制度都是高扬人的主体性、关心人的尊严和幸福、促进人的自由和发展的制度。法律的价值就在于维护人的尊严和保障人的现实利益。[2] 显然，现代法律与人文精神紧密相连，“人文精神是现代法律产生和不断改革的强大动因，权利本位、契约自由、法律面前一律平等、法无明文规定不为罪、凡是法律没有禁止的都是法律允许的，等等，都是人文精神的体现。人文精神在法律中的含量是法治文明和社会进步的重要标志”。[3] 在建设法治中国的背景下，人文精神强调法治建设的人本立场，强调法治对人本身诸如良知、价值与尊严的关注，是法治赖以生成和前进的动力源泉，是实现法治的精神基础。在现代法治社会里，无论是国家权力的配置还是个人权利的行使，都只有在足以确保实现人的尊严和生存价值时，才有其存在的意义和真实的价值。现实中，“发现和尊重人性”“重视人的价值”“注重人格的完整和充分的自我发展”和“崇

---

[1] 徐雅玲:《试析“两课”教学的价值取向与路径》，载《海峡科学》2008年第7期。

[2] 侯健、林燕梅:《人文主义法学思潮》，法律出版社2007年3月版，第29页。

[3] 张文显:《市场经济与现代法的精神论略》，载《中国法学》1994年第6期。

尚和尊重人的尊严”等现代法的人文精神，[1] 在各部门法制度设计中越来越得到彰显，在法律实践中也越来越受到重视。目前，法学专业课程除了理论法学课程外，大多是以部门法为依据设置的。在法律硕士教育中，从专业课程中挖掘法律的人文内涵，特别是对实体法中所涉及的一些有影响的案例进行人文角度的探讨，能更容易让学生理解法律的价值取向和法治的人文关怀，这势必会大大提高人文教育的课堂效果。

第三，要发挥法律职业伦理教育的人文教育功能。2017 年 5 月，习近平在视察中国政法大学时强调，要“立德树人，德法兼修，培养大批高素质法治人才”。2018 年，教育部发布实施的《法学类本科专业教学质量国家标准》，以及教育部会同中央政法委联合印发的《关于坚持德法兼修实施卓越法治人才教育培养计划 2.0 的意见》，都明确要求面向法学专业学生开设“法律职业伦理”必修课，加大学生法律职业伦理培养力度，提高学生的思想道德素养，实现法律职业伦理教育贯穿法治人才培养全过程。法律职业伦理教育旨在使受教育者将法律职业伦理规范内化为职业行为习惯和职业道德心理，并最终塑造他们的伦理品格、法律人格和职业精神，它“在本质上属于德性教育和素质教育”。[2] 从这个意义上说，法律职业伦理教育具有很强的人文教育色彩，具有一定的人文教育功能。法律职业伦理教育的人文教育功能是与法律职业伦理自身的人文属性密切相关的。从学科角度讲，法律职业伦理是包含法学和伦理学的交叉学科，而法学和伦理学本

---

〔1〕 参见杜宴林：《现代法律人文精神论要》，载《光明日报》2006 年 6 月 5 日，理论版。

〔2〕 王琦：《法律人才培养中的法律职业伦理教育》，载《中华女子学院学报》2009 年第 3 期。

身就具有很强的人文性。同时，法律职业伦理是“支配法律家思想和行为的根本准则，是其内心的道德法律”，[1] 它外显为法律人的执业行为，内化为法律人的职业良心。其根本价值取向是维护正义，强调社会良知，尊重和保护人权，自身就内在地具有人文关怀精神。与之相适应，法律职业伦理教育不只是法律职业伦理知识教育，更是法律人职业良心与职业精神的塑造。因为法律职业伦理教育强调职业道德规范的内化和职业良知的培育，注重法律人良好职业习惯的养成和高贵职业品格的形成，有利于帮助法律人认识自我、实现自我，做适用法律、维护正义的使者。这些都可以说是人文教育在法律职业教育领域内的投射和反映。正是法律职业伦理教育的人文价值，使它成为法律硕士人文教育的主渠道、主阵地。

第四，要重视潜在课程的人文陶冶作用。因为我国大学人文教育普遍缺失，而且学生生源来自不同的大学、不同的专业，所以每个法律硕士研究生在大学其间所经受人文教育的程度会参差不齐。为弥补学生在大学本科期间的人文教育缺失，大学或培养单位除了开设一些具有广泛性、交叉性和时代性的人文课程（包括选修课程、特色课程和精品课程等），还可以开设一些具有灵活性、趣味性、多样性、即时性等特点的潜在课程。一是组织经典名著读书会。阅读中西方传统文化元典及法学经典著作是一种内省性和研究性的学习，它可以通过让学生静下心来读书，使学生领悟蕴含于经典中的人文精髓，唤醒学生主体的内省意识。而且，经典阅读作为一种文化行为和文化现象，可以让学生体悟人

---

[1] 翁开心、孙笑侠：《论作为“制度”的法学院》，载《法律科学》2002年第5期。

文内涵，拓宽人文思维，从而促进其人格养成。二是搭建良好的学术沙龙平台。学术沙龙就是在平等、自由、轻松的气氛中探讨学术问题，它是研究生学术交流的智慧宫，也是情感交流的精神家园。在学术沙龙，研究生可以通过开展跨学科的学术互动，开拓学术视野和知识面，激发灵感和智慧，经受严谨学风的熏陶和魅力人格的陶冶。三是举办高品位的学术讲座。高品位的学术讲座往往是名家大师某个领域知识的浓缩和精华，它不仅可以在专业知识、思维方式和研究方法上给予学生启发，还可以激发学生强烈的精神价值渴望，成为学生珍贵的精神食粮。当然，法学是一个思辨性很强、学科交融度较高的学科，大学或培养单位可以组织不同形式的文化交流活动，丰富法律硕士人文教育的内容。

第五，要探索高效的人文教育教学方法。法律硕士人文教育不是仅靠几门课程就能取得理想成效的，离开学生的自觉体悟、内心认同和主动遵循，人文知识都难以转化为学生的道德境界和行动指南。因此，加强法律硕士人文教育还需要不断创新教育教学方式，以更加有效的教学方法促进知识向能力、素质和品行的转化。首先，要摒弃以教师为中心的填鸭式教学，大力推进具有探究、研讨、合作性质的教学法（诸如案例教学法、小组讨论法），以及以基于问题的教学法为代表的“探究、启发”式教学法等。〔1〕这些教学方法以学生自主性、探究性学习为主，让学生作为学习主体参与到教学过程之中，这可以充分发挥学生学习和思考的主动性，也能够使学生增进智慧、涵化品性。因此，法律硕士人文教育要结合法科教育和研究生教育的特点，根据不同

〔1〕　陈继会、汪永成主编：《守道：研究生人文素养教育与培养》，大象出版社2014年4月版，第113~114页。

课程的实际情况选择不同的教育教学方法。其次，创新法律职业伦理教育教学方法。法律职业伦理教育是推行和落实法律硕士人文教育的重要途径，但它既不能仅靠一门课程来完成，也不能只是用理论灌输的方式来实现，而是要建立多元化、层层递进的课程教学体系——“理论教学—案例教学—法律诊所—社会实践”。[1] 除此，法律职业伦理教育还可以依托于法治公益活动，通过诊所式教学实现教学、研究、法律援助服务三种功能的有机融合，从而将法律职业伦理教育深度融合于社会实践之中。这对于学生深入了解社会现实、强化社会责任感、养成良好的公民素质，无疑具有十分重要的意义。

（三）充分发挥教师的教书育人作用

在高校，教师既是某一学科领域的专家，又是教育教学工作的承担者，还是学生精神灵魂的塑造者。“师者，所以传道授业解惑也。”如今，授业就是教师向学生传授知识，传道就是教师教会学生做人的道理。教师既要把自己掌握的专业知识传授给学生，还要把行为规范、做人的准则教给学生；也就是说，教师不仅要“教书”，还要“育人”。“师者为师亦为范”。教师作为大学教育活动的主要实施者，其一言一行对学生的影响是不容忽视的；而且，教师在“做人”上的榜样示范作用对学生的影响，远比教师向学生所传授知识的影响深远得多。梅贻琦先生曾用“从游”来形容大学中的师生关系，他说在《大学一解》中论述道：“古者学子从师受业，谓之从游。……学校犹水也，师生犹鱼也，其行动犹游泳也。大鱼前导，小鱼尾随，是从游也，从游既久，

---

〔1〕 刘坤轮：《“学训一体”法律职业伦理教学模式的实践与创新》，载《政法论坛》2019年第2期。

其濡染观摩之效，自不求而至，不为而成。”显然，在师生关系中起决定作用的首先是“导”，而教师的“导”，导的更是“为人之道”。因此，教师既要精通专业知识、做好“经师”，又要涵养德行、成为“人师”，努力做精于“传道授业解惑”的“经师”和“人师”的统一者。

基于此，法学专业教师更应该成为法律硕士人文教育的先锋和模范，发挥其在人文教育中的独特作用和应有职责。首先，教师在专业课讲授中要注意将人文精神渗透于各个教学环节之中，实现教书与育人相统一。专业课教师应充分挖掘专业课程中的人文内涵，注意将法的人文精神通过法学理论、法律制度和实务案例等传播给学生，让学生在专业知识学习中感受法学的人文关怀，使专业知识传授与人文精神化育同步进行。其次，教师在学术活动和日常生活中要以身作则，实现言传与身教相统一。近年来，教师“性骚扰女生”“学术不端”“不正当言论”等师德失范事件时有发生，究其原因，有的是因为理想信念缺失，有的是因为育人意识淡漠，有的是因为法纪观念淡薄，但最终都可归结为这些教师人文精神的失落。因此，法律硕士研究生的教师不仅要做教育活动“人格化”的承担者，还要做以德率法、弘德尊法的典范，保持对国家、社会和学生的高度责任感和使命感，发挥好教师人文化成的功能，以自己的人格感染力促进学生的规则意识和人文觉醒。

法律硕士人文教育还要发挥好研究生导师的独特育人作用。在研究生阶段，导师可以说是与研究生联系最密切、接触最频繁的人，导师的人格魅力、处世态度、学术作风以及治学方法等都会对研究生产生潜移默化的影响。此时，教师作为研究生的导师要德业兼修、立己达人，实现学问指导与人格塑造相统一。目前，我国法律硕士教育逐渐推广实施“双导师制”，[1] 由校内学术导师和校外实践导师共同开展并完成研究生的教学和培养工作，二者分别着重从法学理论层面和法律实务层面教导和点拨学生成长。在师生互动过程中，导师不仅要指导学生的学业，教导学生如何做好学问，也要关心学生的品格修养，引导学生如何做人，这些都是法律硕士人文教育的应有之义。为了引导研究生能够顺利“成才”和“成人”，保证法律硕士教育的成色，导师应以崇高的道德情操、严谨的治学态度、创新的学术追求、无私的育人情怀，提升学生的素质、人格和精神境界，真正实现“以‘仁’成‘人’，用心灵赢得心灵”。[2] 教育的目的是育人，育人的核心则是塑造人格。教师要想能够育人，就必须先学会育己。这就需要教师不断提高自己的学术水平，完善自身的道德与人格。只有这样才能做好学生为学、为事、为人的大先生，做好学生探究学问、锤炼品格的引路人。

---

〔1〕 “所谓‘双导师制’，顾名思义，就是为一名法律硕士研究生配备校内和校外两类导师，以校内导师为主，以校外导师为辅，共同开展并完成对研究生的教学与培养工作的一种导师制度。”参见黄振中：《“双导师制”在法律硕士教学与培养中的完善与推广》，载《中国大学教学》2012年第2期。也有学者将学术导师和实践导师的联合指导视为“双导师制”的运作核心，认为“双导师制，是指在法律硕士专业学位研究生的培养过程中，实行为每位研究生配备一名学术（理论）型研究生指导教师和一名在公、检、法、司等实践部门工作的、具有丰富实践经验的法官、检察官、警官或律师作为实践指导教师进行联合指导的一种培养机制。”参见黄志勇、符龙龙：《推行双导师制、构建法律硕士教育特色》，载《前沿》2014年第9期。

〔2〕 陈继会、汪永成主编：《守道：研究生人文素养教育与培养》，大象出版社2014年版，第115页。

论新文科建设背景下卓越法治人才核心能力及其培养

◎梁开银　谢晓彬*

摘　要：在以多学科交叉或融合为标志的新文科建设背景下，“法学+”的法学教育模式成为趋势。这种模式适应了新技术条件下对法科人才培养的要求，但一定程度上存在削弱卓越法治人才核心能力培养的隐患和认识误区。法律思维自始至终是卓越法治人才培养的核心或根本，这既是法律思维自身特点与卓越法治人才的能力构成所决定的，也是法治人才教育目标的本质要求。在新文科建设背景下，卓越法治人才培养更应该围绕法律思维养成，借鉴英美法系和大陆法系的教育经验，选择与法院、行业联合培养的路径或模式，正确处理好交

* 梁开银，宁波大学法学院院长、教授；谢晓彬，宁波大学法学院法律系主任、副教授。

叉学科与法学、新文科知识与法律思维能力、法学理论与实践三者之间的关系，聚焦卓越法治人才法律思维能力的培养。

关键词：新文科建设　卓越法治人才　核心能力　法律思维

2018年8月24日，中共中央办公厅、国务院办公厅印发的《关于以习近平新时代中国特色社会主义思想统领教育工作的指导意见》首次出现“新文科”概念。〔1〕2020年11月3日，教育部新文科建设工作组在山东大学召开会议，正式发布《新文科建设宣言》，这标志着我国高等教育新文科开始全面实施。在这一背景下，科技法学、网络法学以及数据法学等成为新法学的代名词，高科技与法学学科融合既改造了传统法学，也产生了系列新兴法学学科和专业，促进了法学教育的繁荣。但是，“法学+”这种复合型卓越法治人才的培养模式在追求知识复合或专业复合的目标上，可能会弱化法学专业知识及其核心能力的培养，尤其是在法学专业课程体系庞杂、学科入门困难以及就业门槛较高的情形下，法学专业学生学习时间紧张，学业繁重，新文科建设背景下的新法学建设面临较大的挑战。富勒说过，“教授法律知识的院校，除了对学生进行实体和程序法律方面的训练外，还必须教导他们像法律工作者一样去思考问题和掌握法律论证与推理的复杂艺术。"〔2〕他的这段话，启发我们思考：高等院校法学院应当如何在新文科建设背景下培养或训练卓越法治人才的核心能力和

〔1〕“新文科”这一概念最早由美国希莱姆大学提出，其实质是实现“文理交叉”，结合大数据、云计算和人工智能等技术对传统文科专业进行改造，让传统文科专业与新兴科技行业对接。

〔2〕Lon L. Fuller, “What the Law Schools Can Contribute to the Making of Lawyers ”, 1 J. Leg. ED. 189 (19480). 转引自【美】E. 博登海默，《法理学——法律哲学与法律方法》邓正来译，中国政法大学出版社1999年版，第507页。

竞争力——法律思维？笔者认为，只有围绕法律思维这一核心能力或竞争力展开跨学科或专业培养，才能真正实现我国新法科的建设目标，培养一批具有专业素养、国际视野和家国情怀的卓越法治人才队伍，从而支撑中华民族的伟大复兴和法治国家建设。

一、新文科建设背景下卓越法治人才核心能力培养的认识误区

应该承认，以大数据、云计算、人工智能等为代表的新一轮科技革命带来了社会生活和生产方式的变革，同时也为不同学科的发展提供了全新的研究工具和研究方法，使整个文科的研究方式发生了深刻的变化。作为调整社会经济秩序的法律必然融入这些新领域、新技术和新业态，用这些新技术和新方法推动法学学科自身转型。“法学+”的应用型、复合型、创新型法治人才培养成为新法科人才培养的常态，也成为社会对于卓越法治人才培养的基本要求。2011 年，教育部、中央政法委印发了《关于实施卓越法律人才教育培养计划的若干意见》，提出“分类培养卓越法律人才”的思路和任务。[1] 2018 年，教育部、中央政法委印发了《关于坚持德法兼修实施卓越法治人才教育培养计划 2.0 的意见》，进一步明确了“应用型、复合型、创新型”法治人才培养目标，强调”厚德育、强专业、深协同”等改革举措。从“卓越法律人才”到“卓越法治人才”的转变，反映了我国全面推进依法治国和参与全球法律治理的人才观念和需求。

近年来，深化教育体制改革、加快新文科建设、推动产学研

〔1〕 教育部、中央政法委印发的《关于实施卓越法律人才教育培养计划的若干意见》，提出卓越法律人才应实行分类培养，并将卓越法律人才分为“应用型、复合型卓越法律人才”“国际化卓越法律人才”和“中西部卓越法律人才”三类。

协同创新，为培养应用型、复合型、创新型的“三型”卓越法治人才提供了重要契机。全国各类大学法学院结合法学专业发展情况以及所处学校的优势学科或专业，进行了大胆的探索，形成了特色鲜明的三种发展模式：一是以综合性大学为主，依托优质资源和学科优势，致力于创新型法治人才培养，开设了反映信息时代科技发展要求的新兴二级学科和专业，例如数据法学、网络法学、国家安全法学、卫生法学等学科和专业，培养国家急需的相关科技法学的人才，跟踪或引领相关法学的学术研究；二是以行业性大学为主，依托行业型大学的特色学科和专业，实行“法学+行业特色”模式，推动产业或行业与法学深度融合，为国家培养或输送行业复合型法治人才，例如对外经济贸易大学开设涉外经济法治人才、华中科技大学举办科技法学、北京师范大学培养教育法治人才、中国计量大学致力于计量法学打造等，不断推进法科专业和学科与行业知识整合或融合，为国家培养或输送行业法治人才；三是以地方性大学为主，结合学校的区位产业或技术优势以及人才需求状况，注重应用型法学人才的培养，积极为国家或区域输送服务于地方法治建设和行业发展需要的法治人才，例如温州大学法学院服务全球“温商”开设了国际经贸规则专业，设立了温（州）商（人）国际仲裁院和劳动人事仲裁庭等，形成了地方大学法学院学科和人才培养特色。

综观我国新文科建设背景下法学学科和专业建设，都立足跨学科的“法学+”模式，打破传统学科和专业界限，结合优势学科、专业、行业或新兴技术着力新文科建设目标的“三型”卓越法治人才培养，产生了大量“法学+外语”“法学+科技”“法学+

行业知识”等复合型专业。[1] 这种局面的形成，一方面有利于实现法学专业与新兴科技或行业的融合，更新或升级传统法学，从而促进法学学科和专业发展，培养复合型法律人才；另一方面却带来了我国新文科建设的低水平化与卓越法治人才理解的简单化，甚至模糊或削弱了卓越法治人才对于“法学底色”的要求以及法治人才核心能力的认识。在过去卓越法律人才培养实践中，很多学校和部门将卓越法律人才简单理解为：“法学专业知识+跨学科知识”的复合人才，或“法学专业+精通外语”的国际化人才以及“熟悉基层社会生活+掌握司法技能”的基层法律工作者。基于这些理解，部分法学院校所谓卓越法律人才培养模式创新与“卓越”和“法律人才”的要求和目标却背道而驰。一个简单的事实：懂外语不等于人才国际化；多学几个专业不一定能成为复合型法律人才。且不说，我国大学本科四年学制与跨学科或专业学习的矛盾，我国法学教育传统的管理体制和人才培养模式与卓

---

〔1〕　中国人民大学王轶教授以《以课程体系改革为抓手 培养复合型卓越法治人才》为题，提出法学课程体系是法治人才培养的核心和关键，是“三全育人”的主要依托，以习近平法治思想引领课程体系改革，致力于培养德才兼备复合型卓越法治人才，势在必行。清华大学申卫星教授以《为什么是计算法学？——兼论法律与信息科技交叉的学科命名》为题，以法律与信息科技交叉的学科命名为切入点，回应了在法律与信息科技交叉学科的发展中清华大学法学院在新文科建设中提出“计算法学”的问题。北京航空航天大学龙卫球教授以《新型复合型法律人才的需求趋势与培养模式》为题，提出法律职业人才与社会经济发展存在紧密的结合关系，作为一种特殊专业人才，深嵌于社会经济对于法律治理的规范性和正当性的双重现实需求之中。北京理工大学李寿平教授以《新时代复合型涉外法治人才培养》为题，指出涉外法治人才培养是国家应对中美竞争和博弈加剧的时代需求，也是“一带一路”建设的基础需求，更是国家引领全球治理创新的需求。重庆大学黄锡生教授以《新时代复合型法治人才培养的路径探微》为题，提出新文科建设为复合型法治人才培养提供了方向上的引领，信息技术为复合型法治人才的培养提供了技术上的依托。湖南大学屈茂辉教授以《法学与信息科学融合的卓越法治人才培养的关键问题》为题，提出新法科建设的一个重要试点领域就是开展法学与信息科学交叉融合卓越法治人才培养，实现法学与信息科学的交叉融合。

越法治人才培养高要求之间的冲突，以及我国法学专业学生沉重的学习负担与就业压力给卓越法治人才培养带来的负面影响。[1]特别需要反思的是，仅仅只有知识的复合或专业的复合根本实现不了法律或法治人才的卓越化。法治人才的卓越化和国际化，首先必须是思维的国际化和思维的法律化，也就是说，培养具有优秀法律思维能力和品质的人，是卓越法律人才培养的核心，法律思维是法律人的核心能力。"法学+"模式不是简单的不同专业的课程叠加，而是以基于法律思维养成的新技术或新行业的法学课程开发为前提。这一任务的完成，是"创新型、复合型和应用型"法治人才培养的基础，是一个较为漫长的复杂的演进过程，只不过21世纪由于新技术的爆发式增长给了它发展的紧迫感。

从历史来看，法学的发展总是表现为一个不断由传统法学向新技术或新行业或新领域渗透发展的过程。马克思历史唯物主义解释了这其中的奥秘，即社会存在决定社会意识，经济基础决定上层建筑，以上层建筑的法律作为研究对象的法学无不随着社会生产力及其生产关系的发展而发展。例如，航海技术的进步，使海上贸易成为可能，国际商务法律应运而生；工业革命彻底改变了人类的生产方式，新技术和新业态不断产生，诸如邮政法、国际运输法、知识产权法等新行业的法律制度破茧而出……人类进入21世纪，由新一轮科技革命带来的法学及其研究方式的变革也沿着这一内在逻辑向前演进。以信息技术为代表的新一轮科技革命催生了大量新行业、新业态以及相应的法律部门，新文科建

---

[1] 深圳大学刘俊教授以《复合型法治人才培养应当尊重教育教学和人才成长规律》为题，提出复合型法治人才培养应当尊重教育教学和人才成长规律，应理性看待大学四年学制的有限性，保障法学专业知识体系的完整性，推动由知识向能力的转化，参见《西北工业大学学报（社会科学版）》，2022年第2期。

设正是适应这一新形势，希望以文科内部融通、文理交叉来研究、认识和解决学科本身及其人才培养的复杂问题，希望新法科以更加广博的学术视角和丰富的学术积累，为学生提供更契合新文科时代需求的综合性、跨学科和融通的法学知识结构。正如蒸汽机代替手工作业、电气化代替机械化等技术革命一样只能扩展法的调整范围和催生新兴法律部门而从没有改变法律运行的基本逻辑一样，大数据、云计算、人工智能等新技术也不可能改变法律、法学及其人才培养的基本规律或逻辑。任何因应新科技而产生的部门法终究改变不了其法律的属性而遵循法律逻辑。从这一意义上而言，不管专业知识如何复合，法律思维自始至终是法律人能力及其人才培养的核心，任何“法学+”的复合模式都只能改变法律人的知识结构而不可能改变法律人的法律思维核心能力需求，否则，“法学+”便脱离了法律或法律人的属性而成为其他专业及其相关人才。

可见，新文科建设背景下的卓越法治人才培养务必立足这一事实和逻辑，不能脱离卓越法治人才培养的内在逻辑和现实条件约束，盲目追求复合型，必须以法律思维养成为核心，实现传统课程与新技术的整合而形成新兴法律课程，甚至专业，只有经过这个过程的沉淀才能满足卓越法治人才所要求的“复合型、创新型和应用型”的培养条件。总之，新文科背景下卓越法治人才培养不是简单的“知识+”，而是以跨学科知识为背景或基础的复杂的法律思维“能力+”。

二、新文科建设背景下卓越法治人才法律思维能力的中心地位

如前所言，新文科建设背景下高等学校法学专业课程设置呈现专业交叉或融合的趋势。顺应这一发展趋势，法学院校专注于跨专业或学科改良传统法学学科知识谱系，追求教学过程智能化与信息化，以适用新文科建设和新科技发展的要求而培养卓越法治人才。然而，令人遗憾的是，在专业或学科交叉过程中存在自觉或不自觉忽视卓越法治人才核心能力培养的误区，直接影响了卓越法治人才培养的质量，甚至走向“多而不专”的歧途。卓越法治人才的核心能力或竞争力是法律思维能力，知识或专业复合只是新技术发展条件下法律思维的条件和基础而不是法律思维本身，只有从知识或专业复合走向了法律思维能力培养才能真正实现卓越法治人才的目标。狭义的法律思维，是法律人在一定的理论体系和价值追求的指引下，运用法律解释、法律漏洞填补和法律续造等方法，将法律规范应用于现实生活，解决实际问题的能力。广义的法律思维是按照法律的逻辑（包括法律的规范、原则和精神）来观察、分析和解决社会问题的思维方式，〔1〕是法律职业者应当具有的独特的思维方式与优良的思维品质。〔2〕新文科建设背景下的卓越法治人才的培养离不开法律思维的培养，主要表现在三个方面：

---

〔1〕 郑成良：《论法治理念与法律思维》，载《吉林大学社会科学学报》2000年第4期。

〔2〕 石旭斋：《法律思维是法律人应有的基本品格》，载《政法论坛》2007年第4期。

（一）法律思维在法律人的能力构成中具有统摄意义[1]

从能力构成来看，一位优秀的法律职业者应该具备四个方面的能力或者素养，包括法律知识、言辞技术（辩论、修辞和写作的能力）、法律思维和法律信仰。它们四者的关系是：法律知识是法律思维的基础；言辞技术是法律思维的外壳和媒介；法律信仰是法律思维执着和定势的表现；法律思维是法律人四种能力的核心和基础。离开了法律思维，法律职业者的能力培养就只能是一句空话，再多的法律信息知识储存也只能尘封于人的记忆，难以转化为法律人的职业能力，法学教育的目标必然落空。“对于法律人来讲，思维方式甚至比他们的专业知识更为重要。因为他们的专业知识是有据（法律规定）可查的，而思维方式是决定他们认识和判断的基本因素，况且非经长期专门训练则无以养成。”[2]因此，法学教育应该以法律思维为中心展开。一方面，法律思维作为一种思维方式，它通过解释、推理和论证等法律方法使法律理论和法律制度更加理性和公正，成为法律人最重要的职业能力；另一方面，法律知识和理论也正是在法律思维训练的过程之中得到巩固和创新。国内学者在深入研究了法学教育的五种价值：传递与创新法律知识；训练和提升法律技能；养成和改善法律思维方式；培育法律职业道德；培植法律信仰及其相互关系后，仍坚持认为：法律思维能力的培养是法学课堂教学的重心。[3]

---

〔1〕　梁开银：《法律思维：法学教育与司法考试的契合点——论法学教育与司法考试的互动与改良》，载《法学评论》2011年第4期。

〔2〕　孙笑侠：《法律人思维的规律》，载葛洪义主编《法律方法与法律思维（第1辑）》，中国政法大学出版社2002年版。

〔3〕　房文翠：《法学教育价值研究》，吉林大学2003年博士学位论文，第160页。

（二）法律思维体现了法律的理性和法律人的职业特征

我国著名法理学学者葛洪义教授在《法与实践理性》一书中提出，“法与理性总体上存在着一种天然的内在联系。在人们的思维活动中，法律总是与各种理性概念联系在一起。法律离不开理性，理性化的社会生活也离不开法律。”〔1〕“法律最主要的特征不是强制性，而是说理性，暴力强制的必要性根植于法律的说理性之中。”〔2〕法律的理性和思维本质决定了作为培养未来法律人只可能以法律思维的培养为基础展开。从一定意义上讲，以法官为典型代表的法律人，他们工作的性质不过是将抽象的法律规范具体运用到案件事实的过程。这个过程包括案件事实的认定、法律规范的找寻以及判决结果的给定。从客观事实转化为法律事实，从抽象的规范解释出具体案件规则始终离不开法律解释的技术和方法。一旦没有既定的成文规则或先例遵循，法官必须承担依据法律精神进行法律漏洞填补和法律续造的工作。其间法条背后深藏的法律意旨的探寻以及法律沉默与法律漏洞的识别等所有这些过程都是一个法律思维的展开和升华的过程。法律知识是这种过程的基础，法律信仰是这种过程的导向，法律技术是这种过程的工具或方法，法律思维就是这些思维要素运用和组合的推动力。没有法律思维的力量，这些东西充其量只能储存于法律人的大脑，直至枯萎和消失，而永远不可能转化为推动社会法治发展的动力。在信仰法律的前提下，一个具备法律思维的人必然具备一定的法律知识，因为离开了法律知识不可能形成法律思维；但一个具备了较为丰富法律知识的人，不一定能形成法律思维，可

〔1〕 葛洪义：《法与实践理性》，中国政法大学出版社 2002 年版，第 39 页。

〔2〕 葛洪义：《法与实践理性》，中国政法大学出版社 2002 年版，见内容摘要部分。

能根本无法胜任法律人所面临的工作。法律思维是法律人应有的基本品质或能力。它是法律人的职业特征和法律职业共同体的联结纽带，作为法律推理和法律论证的核心内容，成为延续法律生命、实现法律价值所必需的具体途径。[1]

（三）法律思维可以实现素养教育与专业化教育并重的目标

“当法律思维作为思维方式，它的一端便连接着法律的形而上层面，联系着法律和法律人的文化内蕴、品格和精神需求；当法律思维作为思维方法时，它的另一端便连接着法律的形而下层面，它在对解释、推理、论证等法律方法的探索中使法律为人们的生活提供了更为理性的安排”。[2] 所以，法律思维的这种包容性和层次性特点，为素养教育与专业教育相结合的法学教育模式提供了坚实的理论基础。从广义的法律思维角度而言，法律专业毕业生在法学教育中所获得的法律意识、法律信仰、法律逻辑和法律思维融入了他们的世界观和方法论，影响着他们所从事的政治、社会、经济和法律工作。法学教育将使他们具备不同于其他专业学生的特质和品性，潜意识里按照一个法律人的要求或习惯去思维，从一个法律人的角度去分析和处理将来面临的各类（包括但不限于法律方面的）问题，[3] 从而获得更加公正合理的解决社会问题的方案及思路，有利于提升法科学生的综合素养，实现素养教育的目的；从狭义的法律思维角度而言，法律人在司法过程中所进行的法律解释、法律推理、法律论证和法律续造等都不

---

〔1〕 石旭斋：《法律思维是法律人应有的基本品格》，载《政法论坛》2007 年第 4 期。

〔2〕 谌洪果：《法律思维：一种思维方式上的检讨》，载《法律科学》，2003 年第 2 期。

〔3〕 郭翔：《论司法考试与法学教育的关系——兼与周详、齐文远两位先生商榷》，载《法学》2010 年第 2 期。

可能脱离法律信仰和法律价值的指导。法律规范主要是目的性规范，法律目的的理解涉猎法律社会学和法哲学的东西。法的实现经历了一个由法理念——法规范——法规则的过程，在这个发现法的过程中，法是逐步具体化的，是渐渐将法理念展开的过程。可见，狭义的法律思维培养和训练，需要法律人的法哲学观和社会学理念的渗透，在这个意义上，法律思维的养成实质上是一个素养教育与专业教育相互融合与促进的过程，契合了新文科建设背景下法学教育的思政引领与专业强化的要求。

总之，新文科建设背景下法学专业多学科或专业复合不能注重知识复合而忽视或削弱法律思维的培养。法律思维的培养不仅是新文科与新法科发展题中之义，而且是卓越法治人才能力构成的本质要求。如果我们忽视法律思维培养，片面强调跨学科或知识复合，至多只能培养出知识复合型人才而不可能实现真正卓越法治人才培养目标。只有以法律思维为中心，结合新科技发展，实现不同科技和行业知识与法学专业整合，全面优化课程结构和教学内容，才能满足卓越法治人才培养的基础条件。否则，卓越法治人才培养将流于形式。

三、新文科建设背景下卓越法治人才法律思维培养的路径选择

新文科建设背景下的卓越法治人才培养，是一个渐进过程和系统工程，不可能一蹴而就，也不可能通过简单专业复合而实现。新文科建设主要推动了两个方面的改革：一方面是如前所述，注意跨专业知识的复合，拓展学生新科技知识传承；另一方面是突出法学教学方式的创新，强调教学过程的信息化和智能

化，从单一化的“教与学”到“教与学”的场景性互动，从“线下”教学模式到“线上线下混合”教学模式，从固定时空的“硬”学习方式到自由时空的“软”学习方式，从平面化纸质教材到立体化电子教材，现代网络、信息技术深度嵌入法学教学过程。但是，大数据、云计算和人工智能等新兴技术与传统法学理论和知识深度融合不够，没有产生新兴的法学课程或部门，停留在简单的“法学专业课程+其他专业课程”的表面层次之上，离真正意义上形成新行业或新业态的法学课程的要求还相距甚远，不足以支撑创新型、复合型和应用型卓越法治人才的培养任务。不仅如此，更为重要的是，没有在上述两个方面工作的过程中贯穿法律思维的培养和训练，不能保障新文科建设背景下的卓越法治人才核心能力的养成。

霍姆斯说，法律的生命不是逻辑而是经验。综观世界不同法系国家关于法律思维训练和养成的路径，无外乎两个方面相结合：一方面是以课堂教学为抓手，以法律思维训练为中心，优化课堂教学结构和教学流程，在教学活动中模拟训练司法实践活动中的法律思维及其过程。例如，西方国家法律诊所式教学方法，突出在真实案例教学中训练学生的法律思维能力，让学生在诊所课堂上体验司法过程和司法经验；中国也引进了案例法教学和诊所法系教学方法，并在尊重中西法治文化差异的基础上，将西方法学教学方法与中式传统讲授式课堂教学方法整合进行了大量有益的探索。比如，浙江省部分高校以法律思维中心论为导向，出版了系列五步教学法的教程，进行了法学课堂五步教学法的探索，得到了法学教育界的初步肯定。[1] 另一方面是与司法单位合作，深入具体司法过程，学习像法律工作者一样思考从而培养学生法律思维能力。把教学过程融入司法实践是法治人才法律思维培养的重要途经和方式。西方国家十分注重在司法实践中养成法律人的法律思维、法律精神和法律伦理。美国法学院提出要培养学生“像律师一样思考”，早期法学教学方式采用学徒式。总体上看，英美法学教育走过“学徒式——学院式——学院式加实践性教育”的过程。历史上，并非高雅的象牙塔（法学院）统一了学徒式的律师学院，而是牛津和剑桥低下了头，放弃了以教授“罗马法”为本的课程体系，像律师学院那样讲授英国本土的“普通法”，并注重在案例的分析中学习律师的思维。而与英美法系法学教育不同的是，德国法学院则提出要培养学生“像法官一样思考”。早期曾采用学院式教学方法，大陆法系国家最早产生了讲授罗马法的法学院。但是，早期“注释法学”和“经院法学”的教学模式不能满足丰富多彩和变化无常的社会现实的需要。各国法学教学方法都在不断改良和创新。当前德国法学教育主要采用学理课与案例分析课相结合的课程设置或安排模式，运用讲授式与讨论式并重的教学方法进行教学。

中国高等院校法学院应当借鉴西方法学教学经验，适当尊重我国高等学校传统的讲授式的教学方法，扬长避短，多元结合，采用法学院与法院、检察院等司法机关合作培养方式，发挥法学院与法院等的各自优势训练学生的法律思维能力。西方两大法系法律人才培养和教学模式的形成，受其特殊的法律文化的影响，

---

〔1〕 梁开银：《中西法学教学方法整合的探索——法学课堂“五步教学法”的实践》，载《中国法学教学研究》2013年第3期。

也处在不断变化或探索之中。判例法传统有利于形成学徒式培养方式，成文法传统更适合于学院式培养。但是，随着世界经济社会一体化发展与法律文化交流的不断加深，判例法和成文法总体呈现出逐步交融的态势。这种状态必然影响或决定了两大法系法律人才培养模式和教学方法的相互借鉴和融合。中国按照现代法律体系教学的历史并不长，法治国家的建设具有一定的外源性和后发性，这些特点在一定程度上为我国主动借鉴两大法系法律人才培养模式的成功经验，不断创新法律人才培养模式提供了有利条件和后发优势。2017 年 5 月，习近平总书记在视察中国政法大学时指出，高校是法治人才培养的第一阵地。[1] 有学者按照这一思路指出，第二阵地就是作为司法实务部门的法院、检察院。要发挥第二阵地的作用，让法院、检察院联合高校共同培养学生，形成新的协同机制。[2]可见，法学院与司法机关或单位合作培养卓越法治人才，从国家领导人到法学学者已经形成了基本共识，即以作为法律职业核心能力的法律思维为中心或基础，联合法学院和司法机关，创新卓越法治人才的培养模式，实现有别于西方的“法学院+司法机关（法院）”的合作培养模式。

“法学院+司法机关（法院）”的合作培养模式，不仅为法律理论教学与实践教学相结合提供了平台或基础，而且有利于法院等司法机关与法学院在“在职和全日制”培训或培养卓越法治人才方面实现双赢，有利于实现法律人这一共同体的法律思维全

---

〔1〕 参见《习近平在中国政法大学考察时强调 立德树人德法兼修抓好法治人才培养 励志勤学刻苦磨炼促进青年成长进步》，载《人民日报》2017 年 5 月 4 日，第 1 版。

〔2〕 参见徐显明：《高等教育新时代与卓越法治人才培养》，载《中国大学教学》2019 年第 10 期。

程（在校+在岗）培养，为中华民族的伟大复兴提供卓越法治人才的支撑。党的十八大三中全会提出司法体制改革，增强裁决的说理性，不仅为法学院的人才培养，也为司法机关的在岗人员进行法律思维培养和养成教育提出了具体任务和标准。2020 年 11 月，习近平总书记在中央全面依法治国工作会议上对司法为民提出新要求，要努力让人民群众在每一个司法案件中感受到公平正义，这些要求的实现在一定意义上更为法律人提出了职业能力的标准。不仅如此，随着新一轮科技革命和产业变革的演进，人工智能、互联网、大数据与传统法学相融合，不但改变了法学的研究和教学方式，拓展了法学的教学内容，而且推动着法学新学科、新专业或新课程的不断产生，诸如数据法学、计算机法学、网络法学等在综合性或专门性大学法学院相继设立。这一强劲的发展势头，呼唤法学教学模式在“法学院+法院等”合作模式的基础上，同时开展“法学院+新科技行业等”联合培养模式予以补充，开启法学院与科技行业联合培养模式，探索在培养方案中嵌入行业法律实务课程，推动行业知识与法律知识的交叉融合，形成科教结合、产教融合、校企合作的协同育人长效机制，为培养既具有行业经验又懂法律实务技能的复合型卓越法治人才进行有益探索，夯实新文科建设背景之下的法学教育教学改革。必须指出的是，这种与科技行业的联合培养法治人才的模式，以及新行业或新业态的相关法学课程的开发等，都不能脱离法学教育的基本逻辑与科技法律人的法律思维职业能力的本质要求。只有如此，才能“古为今用、洋为中用”，富有成效地将新文科建设所强调的跨学科交叉融合的要求落实到卓越法治人才的培养过程中，推动传统法学学科和专业的转型升级。

综上所述，新文科建设注重专业的“跨界”与“融合”，“跨界”即超越传统文科专业的知识边界，突破传统专业坚守的知识壁垒，拓展专业知识领域和延展空间；“融合”即实现传统文科专业与新兴科技专业在研究方法和思维模式上的相互补充相互兼容，形成所谓的新文科特色。而在这样的背景下进行卓越法治人才的培养，容易忽略法学专业的基本逻辑与法律人法律思维的中心地位，滑向“多而不专，杂而不博”的歧途，导致卓越法治人才的培养流于形式而失败。法律思维既是传统法律人的核心职业能力，也是新文科建设背景下法律人的核心职业能力。法学向新科技、新行业和新业态的渗入从来没有削弱法律人的法律思维能力的要求。否则，离开了法律思维的培养，就会偏离法治人才培养的轨道。新时代卓越法治人才的教育不仅要求课程内容、课程体系、培养方式、考试考核方式等的更新，而且要实现新兴科学技术的专业知识与法学专业深度对接，让学生在了解科学技术前沿知识的基础上，催生了互联网法学、算法法学等新兴学科、专业和课程，从而占领了新兴法学教育的制高点。为此，中国法学教育的教学方式要充分吸收西式法学教育的先进经验，选择与司法机关、科技行业合作或联合培养的新模式，注意利用法学课堂、司法实践以及行业知识，以法律思维养成统筹法治人才培养，处理好新文科教育背景下法学教育博与专的关系以及跨学科知识与法律思维能力的关系，努力探索适应卓越法治人才培养的新模式和新方法。

法律职业伦理的学科建设与教学模式*

◎刘译矾**

摘　要：作为法学专业核心必修课程之一，法律职业伦理的学科建设与教学模式备受关注。法律职业伦理具有独特的研究对象，无法被传统的法学二级学科所涵盖，且法律职业伦理对于法学教育与法治实践的促进具有无可替代的作用，因此，应当将法律职业伦理定位为独立的法学二级学科。法律职业伦理具有多学科交叉的特征，包括法学学科内与法理学、行政法学、刑事诉讼法学等学科的“小交叉”以及法学学科外与伦理学等学科的“大交叉”。从表现形式上看，法律职业伦理的规则体系是其具象层面，法律职业伦理的观念理念是其抽

* 本文系司法部法治建设与法学理论研究部级科研项目“合规考察程序中第三方监管人机制构建及适用研究”的阶段性成果（项目编号：21SFB3013）。

** 刘译矾，中国政法大学刑事司法学院讲师。

象层面。从规范效力来看，法律职业伦理可以分为初级、中级、高级三个层次。法律职业伦理教学模式应当符合其学科特征，应坚持教学内容的规范化、教育方法的实操化、教育环节的全程化与教育效果的深层化。

关键词：法律职业伦理　法律职业伦理教育　学科定位　教学模式

一、引言

作为新时代我国在国家治理方面的目标，国家治理体系和治理能力现代化的推进离不开法治的发展，而法治在一定程度上是“法律人之治”。因而，在某种意义上，法律人的职业素养决定了法治的程度。2017 年 5 月，习近平总书记在考察中国政法大学时发表的重要讲话中强调，法学教育要坚持立德树人、德法兼修，抓好法治人才培养。2018 年初，教育部发布实施的《法学类本科专业教学质量国家标准》明确了法学专业核心课程体系，将“法律职业伦理”课程列入十门法学专业核心必修课程之一，要求所有开设法学专业的高校必须面向法学专业学生开设。在此背景下，法律职业伦理的理论研究与学科建设成为各方关注的重点。一般说来，法律职业伦理是法官、检察官、律师、警察等法律职业共同体成员在职务活动与社会生活中应当遵守的行为规范的总和。法律职业伦理虽是一种“伦理”，但相比于一般的伦理或者道德具有更强的约束力，是法律职业者自我约束与外部规制的结合，是法律职业人员的“法”。然而，受多方面因素的影响，目前我国有关法律职业伦理的实践与研究并不发达，难以对法律职业者产生有效的规制，相关的学术研究也常受冷落。与此同时，法律职业伦理教育也处于起步阶段，由于重视程度不足、教学手段缺位、考评方式单一、师资力量有限，教育成效难言满意。而要想取得理想的教育效果，扎实的学科建设是基础，实施与学科特点相匹配的教学模式则是路径。有鉴于此，笔者拟从应然的角度对法律职业伦理的学科定位、认识体系与教学模式展开讨论，以期对法律职业伦理的学科发展与教育教学有所促进。

二、法律职业伦理的学科定位

关于法律职业伦理的学科定位，学界一度存在争议，大致存在两种观点。一种观点认为应当明确法律职业伦理的学科独立性，将其定位为法学内的二级学科；另一种观点则认为法律职业伦理不具有独立性，而是隶属于法学内的二级学科。如有认为其属于法理学的分支，也有认为其是宪法与行政法的研究方向。对此，笔者赞同前一种观点，即应当将法律职业伦理视为独立的学科。但与此同时，也应当认识到法律职业伦理具有多学科交叉的特征，包括“小交叉”和“大交叉”两个方面。基于此，本文将首先对法律职业伦理的学科定位展开讨论，这是划定学科边界、形成学科话语体系、促进相关教学与研究的前提。

（一）法律职业伦理作为独立学科的基本定位

笔者认为，法律职业伦理具有独立性，应当将其定位为法学二级学科，有以下两方面的理由。

其一，法律职业伦理具有独特的研究对象，即法律职业及其行为规则与观念。法律职业伦理虽具有一定的法理性色彩，但其主要处理的是法律职业者对于情与法的抉择、利益冲突的平衡、法律技术滥用的规制等问题，这类问题的复杂性和专业性意味着，法律职业者不可能从一般的法理学以及道德规范中习得，需要通过法律职业伦理进行系统、完整的学习和研究。[1] 此外，一些行政法规、部门规章中虽也涉及对法律职业者执业行为的调整，但其在本质上只是法律职业伦理的一种表现形式，不能代表法律职业伦理本身。因此，法律职业伦理不宜成为法理学或者宪法与行政法的研究方向。整体说来，法律职业伦理的研究对象应当包括以下四部分内容：一是法律职业伦理的一般原理；二是法律职业主体的职业行为规则；三是法律职业责任；四是法律职业伦理的养成和教育。上述研究对象自成体系，足够支撑法律职业伦理作为独立学科的知识体系，且传统的法学二级学科都无法将其涵盖，基于此，应当赋予法律职业伦理作为独立学科的地位。

其二，法律职业伦理具有专门的学科价值，体现在法学教育、法治实践等多方面。在法学教育方面，目前我国各大法学院从事法律职业伦理专门教学与研究的教师十分短缺。相关工作基本都是由刑事诉讼法学者、法理学者来完成。将法律职业伦理设置为独立学科，有利于集中培养一批系统掌握法律职业伦理知识体系的硕士生和博士生，使其成为全国法律职业伦理教学与研究一线的力量，推动法律职业伦理学科的持续性发展。而在法治实践方面，法律职业伦理有助于培养法治人才、保障法律职业共同体的良性发展。法治实践纷繁复杂，利益冲突无处不在，法律规范也具有相当的"开放性"，法律职业伦理作为调整、约束、指引法律职业者执业的基本规范与观念，可以在一定程度上保障法律职业者遵循法治的基本精神，指导解决不同角色之间的冲突，

---

〔1〕 参见郭哲、王君蕊：《法律职业伦理教育改革实践》，载刘定华、段启俊主编：《法学教育研究（第5辑）》，知识产权出版社2019年版，第270页。

保障法律职业共同体的基本执业水准。正如法国著名伦理学家爱弥儿·迪尔凯姆所说"职业道德越发达，它们的作用越先进，职业群体自身的组织就越稳定、越合理。"〔1〕

（二）法律职业伦理具有学科交叉的主要属性

多学科交叉是法律职业伦理的重要特征。明确这一特征有助于厘清法律职业伦理与其他学科之间的关系。其意义有二：一是清晰划定法律职业伦理的学科边界，这是搭建法律职业伦理的学科体系、突出法律职业伦理研究特色的前提；二是促进法律职业伦理与其他学科的互动交流，推进交叉学科创新性研究成果的产出。具体而言，这一学科交叉可以从法学学科内和法学学科外两方面展开。

1. 小交叉：法学学科内各部门法的交叉

随着社会经济的快速发展，涉及多个法学分支的复杂社会问题逐渐出现。在法秩序统一性原理之下，部门法之间的交叉逐渐成为学术研究的主流趋势。〔2〕法律职业伦理的学科交叉属性首先便体现在法学学科内的各部门法之间。

其一，法律职业伦理与法理学存在交叉。通常说来，法理学是研究法律现象的共性问题和一般规律的学科。"法律是最低限度的道德"是法理学上的基本命题。法律职业伦理既包括法律职业行为规则，也包括法律职业观念，如何处理这两者之间的关系，或许可以从法理学的相关理论中找到答案。简言之，作为法律职业者的"法"，法律职业伦理对法律职业者的规范作用应当

---

〔1〕［法］爱弥尔·涂尔干：《职业伦理与公民道德》，渠东、付德根译，上海人民出版社 2001 年版，第 157 页。

〔2〕参见刘艳红：《从学科交叉到交叉学科：法学教育的新文科发展之路》，载《中国高教研究》2022 年第 10 期。

与法律一脉相承。

其二，法律职业伦理与行政法学存在交叉。法律职业行为规范是法律职业伦理的具体表现、违反法律职业行为规范将导致法律职业伦理责任。在一些域外国家，这一法律职业伦理责任主要表现为行业惩戒。例如，美国律师存在违反职业行为规范的，一般由律师协会对其进行惩戒，这一惩戒就是典型的法律职业伦理责任。但是这一情况在我国有很大不同。由于我国对于律师行业采取的是由律师协会与司法行政机关共同管理的“两结合”管理体制，因此，当律师出现违反职业行为规范的情况时，视违反的严重程度，律师协会和司法行政机关都可能对律师予以惩戒，前者表现为行业惩戒，后者则是行政处罚。相较而言，行政处罚会给律师带来更有实际意义的不利影响。由此可见，在我国，行政责任是法律职业伦理责任的一种形式，如何处理两者之间的关系，如何提升法律职业伦理责任的独立性和权威性，是法律职业伦理交叉学科研究的一项重要议题。

其三，法律职业伦理与刑事诉讼法学存在交叉。在刑事司法程序中，法官、检察官、律师等法律职业者的执业行为不仅涉及是否合乎法律职业伦理，也存在是否产生程序性法律后果的问题。换言之，当法律职业者存在不当执业行为时，既可能存在法律职业伦理责任，也会产生程序性的法律后果。例如对于律师而言，最典型的便是辩护律师开展存在利益冲突的执业行为。“一名辩护人不得为两名以上的同案被告人，或者未同案处理但犯罪事实存在关联的被告人辩护”，这一典型的辩护律师利益冲突规则被规定在《最高人民法院关于适用〈中华人民共和国刑事诉讼法〉的解释》和律师执业行为规范之中。在实践中，辩护律师违反这一规则，将会直接影响司法程序的合法性，引发程序违法甚至无效，并直接导致二审法院做出撤销原判、发回重审的裁定。[1] 当然，在这种情况下，辩护律师也难逃相应的个人责任。由此可见，法律职业伦理的相关规则与刑事诉讼法规则存在交叉，在研究这些规则时，应当从学科交叉的角度展开，加强研究的综合性。

2. 大交叉：法学学科与其他学科的交叉

法律职业伦理以法律职业及法律职业关系、法律职业行为规则作为主要的研究对象。法学的基本特征、原则与精神必然对法律职业伦理的形塑产生深刻的影响，因而法律职业伦理的研究脱离不了法学学科的基本范畴。然而，从更宏观的角度看，法律职业伦理是一般伦理的组成部分，应当是伦理学运用于法律职业领域的直接体现，因而从法学学科与其他学科“大交叉”的视角来看，法律职业伦理是法学与伦理学的交叉。在这一交叉的视野下，将会产生诸多问题。例如，法律职业伦理存在一般伦理与特殊伦理，前者又被称为技术伦理，以法律职业本身的专业性和技术性为基础，[2] 被视为法律职业共同体的内部伦理共识，是所有法律职业者都需要遵从的一般理念；后者又被称为角色伦理，即不同的法律职业角色所承担的职业伦理，如法官、检察官、监察官、律师、司法人员等法律职业者都有各自的角色伦理。一方面，这些角色伦理可能与一般伦理存在冲突，例如在律师的执业过程中，被誉为“现代法律职业伦理之父”的美国学者费里德曼教授曾在论文《刑事辩护律师职业伦理三难困境》中，探讨了美

[1] 参见刘译矾：《论刑事律师的利益冲突规制》，载《比较法研究》2021年第2期。

[2] 参见李学尧：《法律职业主义》，中国政法大学出版社2007年版，第4页。

国律师在实践中可能面临的三个最难的问题;[1] 另一方面，这些角色伦理相互之间也可能存在冲突。应当如何看待并化解这些冲突？类似的相关问题都涉及学科交叉，可以从更具综合性的角度展开讨论。

三、法律职业伦理的认识体系

法律职业伦理是一个抽象的概念，为了对其有更直观地了解，可以从多个角度展开分析。从法律职业伦理的表现形式来看，法律职业伦理具有抽象层面与具象层面；从法律职业伦理的规范效力来看，法律职业伦理可以分为初级层次、中级层次与高级层次。

（一）法律职业伦理的抽象层面与具象层面

美国学者柯敏思认为，法律职业伦理不仅是对法律从业者的日常行为进行规制的专业规范，从广义上讲更是法律从业者道德层面的准则。其中，法律职业伦理的规则体系是具象层面，法律职业伦理的观念则是抽象层面。两者之间紧密联系，在法律职业伦理教育中发挥着不同但同等重要的作用。

首先，法律职业伦理观念体现了法律职业的核心价值，指导规则体系的构建。不同的法律职业在核心观念上有所差异。例如，律师职业伦理的核心观念应当是忠诚于当事人，法官职业伦理的核心观念应当是实现司法公正，检察官职业伦理的核心观念则应当是打击犯罪。律师、法官、检察官的职业规范体系都应当在上述核心观念的指引下，对法律职业伦理的要求进行细化，以

---

〔1〕 Monroe H. Freedman, "Professional Responsibility of the Criminal Defense Lawyer: The Three Hardest Questions", *Michigan Law Review*. 64, 1966, p. 1469.

制度化的规范形式予以固定，并设置相应的违反规则的后果。细化规则的目的是方便从业人员自我学习，并以此为据不断调整自己的从业行为，达到自我教育的效果。

其次，法律职业行为规则体系是法律职业伦理的基本依托。如果没有这一规范基础，法律职业伦理教育将沦为空洞的说教，或者对其他部门法内容的重复；法律职业伦理实践将无规范可依，或者成为仅停留在观念之上的泛泛而谈；法律职业伦理学科也将只有“骨架”，而缺乏“血肉”。因此，法律职业行为规则体系应当立足本职业的特色，形成符合并体现本职业伦理核心观念的框架体系和实质规则，避免流于形式化和空洞化。

最后，法律职业伦理观念的形成是法律职业伦理教育的最终目标。所谓“法律职业伦理观念的形成”，是指法律职业者应当将法律职业伦理的观念转化为个人素养或者内化为个人的自觉意识，在法律执业的过程中稳定地输出，保持较为稳健、持久和符合一般标准的执业状态。

（二）法律职业伦理的初级层次、中级层次、高级层次

根据具体内容和规范效力，可以将职业伦理划分为不同的层次，这就是职业伦理的“层次性理论”。根据相关权威教材中的观点，法律职业伦理大体上可以划分为三个层次：初级法律职业伦理、中级法律职业伦理、高级法律职业伦理。[1]

首先，“初级法律职业伦理”一般表现为某一职业最基本的底线伦理，在效力上，初级法律职业伦理是不可逾越的边界，一旦违反将带来相应的惩罚。在任何职业的职业伦理中，初级法律

〔1〕参见李本森主编：《法律职业伦理（第三版）》，北京大学出版社2016年版，第12页。

职业伦理都存在，且占有较大的篇幅。例如，对于法官而言，不接受当事人的吃请、不受贿就是法官的初级职业伦理之一；对于检察官而言，保持廉洁同样是初级职业伦理；对于律师而言，不得损害当事人的利益也是初级职业伦理。

其次，“中级法律职业伦理”是职业者通过自身努力能够达到的层次。在规范要求上，这一层次的法律职业伦理需要律师发挥一定的主观能动性，努力满足职业伦理的要求。相比于初级法律职业伦理，中级法律职业伦理在内容上具有一定的“坡度”，需要以积极作为的方式实现。例如，对于法官而言，避免预断、对控辩双方一视同仁就是法官经过自身努力能够实现的；对于律师而言，律师的执业行为要满足一般的要求，这也是具有可操作性的目标，比如称职地行使会见权、阅卷权，做好充分的准备工作，提出符合法理和一般经验的辩护意见等。

最后，“高级法律职业伦理”是指职业者应当尽力在最大程度上实现职业使命所提出的职业要求。“特殊的责任和使命”被认为是现代职业的基本特征之一，也是这些特定职业具备专业职业伦理的前提。例如医生要尽可能地救死扶伤，教师要做好教书育人的工作，法官要尽量做出公正的审判，律师要尽职尽责地为当事人服务，等等。但是，这一职业使命没有上限，也没有明确的标准，它只能是一种执业的方向，指引、鼓励执业者无限地靠近，为实现这一目标不懈努力。

四、法律职业伦理的教学模式

法律职业伦理的教学模式应当符合其学科特征。当前全国各高校法学院已陆续开设法律职业伦理课程，在学生培养、课程设计、课堂教学等方面开展了广泛的探索，并积累了诸多宝贵经验。结合上述经验，笔者认为法律职业伦理的教学模式应当坚持如下特征：教育内容的规范化、教育方法的实操化、教育环节的全程化、教育效果的深层化。

（一）法律职业伦理教育内容的规范化

法律职业伦理首先是一套知识体系，即调整、规范和约束法律职业共同体行为的规范。这一规范要想发挥上述作用、克服伦理本身可能的模糊性，就必须在内容上具体化，将法律职业者的权利、义务与责任加以明确，使其成为法科学生得以掌握的基本规范。之所以如此要求，有两方面的原因。一方面，学习具体知识是养成职业素养的基础，职业素养是法律职业伦理教育更高的目标。正如有学者所说，法律职业伦理教育虽然不能保证所有接受教育的人都具有崇高的职业伦理，但至少可以给予法律人一些得以依据的标准、规范，使其知道自己职业行为的界限并遵守。[1] 因而，在法律职业伦理的课堂教学中，具体、明确的法官、检察官、律师等主要法律职业的职业伦理规范应当成为授课的主要内容。另一方面，规范化的法律职业伦理教育是法律职业资格验收标准化的前提。通过一定的资格考试是从事法律职业的基本条件，这在域外内的司法实践中已经普遍达成共识。而在这些法律职业资格验收的考试中，法律职业伦理都是重要的内容，例如，在德国高等法学教育的第二次国家考试中，对职业伦理规范考核的内容占据较大部分。又如，美国法官、检察官、律师等法律职业者都要通过司法考试，考试涉及的职业道德问题，需要

---

〔1〕 参见《“法律硕士学院教学系列沙龙（八）：法律职业伦理课程建设与教学方法”举办》，载 https://news.cupl.edu.cn/info/1016/31539.htm，最后访问日期：2023年1月4日。

依据美国律师协会制定的规则与守则作答。[1] 基于此，法律职业伦理的课堂教育内容必须具有规范化，否则以此为重要考察内容的法律职业资格考试也无法明确统一、具体的标准，难以发挥划定“门槛”的作用。

（二）法律职业伦理教育方法的实操化

实践性是法律职业伦理最为突出的属性之一。这意味着法律职业伦理不仅是一套知识体系，更是法律人的行为准则，并以最终有效地落实到实践中为根本目的。法律职业伦理的上述属性意味着，在法律职业伦理的教学与教育中，很难通过单纯的课堂教学、知识灌输来提高学生的法律职业伦理素养。学生对于法律职业伦理的认知与养成更多地需要通过不断地实践、感知与体会来实现。基于此，法律职业伦理的教学方法应当突出实操化，可以通过两方面来实现。一是创新课堂教学方法，尝试引入和推广法律诊所教育。传统的法学教学是以授课老师对法律概念、原则、规则与制度的系统灌输为主，即以“纸面上的法”为讲授对象。在法律职业伦理的教育中，职业行为规范的学习也离不开课堂讲授。但在这种传统的教学方式之外，还应当引入具有较强实践性的教学方法，如开展法律诊所，让学生在亲身参与和实践体验中理解并接受法律职业伦理的相关内容，使法律职业伦理在执业中得以践行。二是重视法律职业训练。在现行的法学本科培养体系中，课外实习是重要一环，这也是学生践行法律职业伦理的重要场合。除了实习，学校可以提供更多法律职业训练的机会，让学生更好地参与法律实践。必要时学校还可将职业训练与公益服务

---

〔1〕 参见曹奕阳：《国外法律职业伦理教育的实践与启示》，载《长江论坛》2022年第1期。

结合起来，如比利时法学院普遍采用“社会—法律服务”为主要内涵的教育模式，学校在为学生提供法律实践机会的同时，也通过公益活动培养学生的社会责任担当等伦理意识。[1] 未来我国各大法学院也可借鉴这种方式，将法律职业训练寓于公益服务之中，从多方面加强学生的法律职业素养。

（三）法律职业伦理教育环节的全程化

法律职业伦理贯穿于法律人的执业实践中，应当成为法律人的基本思维方式。这意味着法律职业伦理教育也应当具有全程性，这至少表现在两个方面。一方面是法律职业伦理教育应当贯穿于法学教育的始终。在法律职业人的培养过程中，法律职业伦理教育不能仅仅落脚于法学专业核心必修课程的开设，也应当贯穿于部门法的学习过程之中。授课老师可以抓住法律职业伦理与部门法知识点的结合，加深学生对于具体法律职业行为规范的理解和适用。例如在讲授《刑事诉讼法》有关回避制度时，老师可以在此基础上延伸出有关规避利益冲突等法律职业伦理的规定，从多个角度加深学生对于抽象规定的认识。这种将法律职业伦理教育寓于部门法学习的授课方式将起到事半功倍的效果。另一方面是法律职业伦理教育应当贯穿于法律执业的始终，成为一种终身教育。法律人除了在校期间学习法律职业伦理，在法律职业生涯的过程中也要持续不断地接受相关教育。这在域外法律人职业伦理的培养中已是较为普遍的做法。例如德国联邦和州均设有职业培训基地，定期开设有关职业伦理的培训项目，法官、检察官等均可自愿报名参加。日本律师联合会高度重视法律职业的继续

---

[1] 参见张涛、刘聪：《司法改革视阈下法律职业伦理教育之路径研究——以大学生法律援助“课程化”为视角》，载《交大法学》2017年第2期。

教育，经常开展各种教育培训，强化律师职业伦理修养。英国在国家资格框架体系下建立个人学习记录制度，对于参加各项培训课程进行记录。[1] 我国法官、检察官等法律职业者虽也定期参加各种培训，但多以业务培训为主，对于法律职业伦理的教育重视不足。借鉴域外的宝贵经验，未来我国应当不断加强法律职业伦理的全程化和日常化教育，提升职业伦理教育的实际效果。例如，除了在获得法律职业资格考试之前接受法律职业伦理教育外，律师、法官、检察官等职业协会可主导开展年度培训活动、定期组织考核，并将该考核结果作为相关职业者继续执业的条件。法院、检察院以及司法行政机关也可在内部定期开展有关法律职业伦理的抽查，督促法律职业者常学常新、常悟常新、常用常新。

(四) 法律职业伦理教育效果的深层化

法律职业伦理不仅是一套知识体系，更是法律人的一种职业素养，需要法律人将其内化于心，真正成为自己的价值尺度与行为准则。正如有学者提出，“法律法律职业伦理意识是法律职业者运用职业伦理规则处理各种复杂的法律问题的能力，以及对法律职业所应有的根植于灵魂深处的神圣感、敬畏感和责任感，强调法律人遵守职业伦理是人们树立法治信心的基础，是国家实现民主法治的基础。”[2] 然而在当前的实践中，法律职业伦理的教育与理想状态还存在较大的偏差。例如法律职业伦理的内容仅被

---

〔1〕 参见曹奕阳:《国外法律职业伦理教育的实践与启示》，载《长江论坛》2022年第1期。

〔2〕 参见《“法律硕士学院教学系列沙龙（八）：法律职业伦理课程建设与教学方法”举办》，载 https://news.cupl.edu.cn/info/1016/31539.htm，最后访问日期：2023年1月4日。

当作理论知识在课堂上传授，不能完全将其内化为个人情感和职业理性，法律职业教育效果存在虚无。“以法律职业伦理教育培育法律信仰的道路被阻塞了。”[1] 基于此，我们应当明确，法律职业伦理教育应当更加注重其深层化的效果，即注重对法律人职业伦理精神的培养和塑造。当然，相比于对一般知识的讲授，职业精神的培养无疑具有更大的难度，对于授课老师也提出了更高的要求。为了实现这一目标，在法律职业伦理的教育中，一方面，授课老师应当以职业行为规范的讲授为基础，为学生打下扎实的知识基础；另一方面，进行适当的理念拔高。如在教学的内容方面，可以讨论职业规范设计的理念、精神和原理，加深学生的理性认识；在教学的资料方面，可以利用现实案例、视频资料等，提升学生的感性体悟；在教学的途径方面，可以创新教学方式，通过模拟法庭、法律诊所、法律义务服务等方式，帮助学生在亲身实践中加强对法律人的身份认同。

---

〔1〕 参见张紫薇：《融法律信仰培育于专业课的讲授及学生实践活动中》，载刘定华、徐德刚主编：《法学教育研究（第三辑）》，知识产权出版社2016年版。

人工智能对法学教育的影响

◎任宇宁*

摘　要：近年来，人工智能技术的迅猛发展引起了广泛的关注和讨论。人工智能作为一种新兴的跨学科技术，已经被广泛应用于各个领域，包括医疗、金融、交通、法律等。在法律领域，人工智能也被广泛应用，例如智能合同、法律文书的生成和管理、法律咨询和诉讼支持等。同时，人工智能技术也对法学教育带来了新的挑战和机遇。法学教育需要如何调整和改进，以适应人工智能技术的应用。

人工智能技术又如何为法学教育提供更好的支持和服务，以满足未来法律行业的需求？本篇文章将探讨人工智能对法学教育的影响，分析当前的法学教育和人工

* 任宇宁，中国政法大学法学教育研究与评估中心讲师。

智能技术发展状况，提出未来法学教育与人工智能技术相结合的发展方向和策略。

关键词：人工智能　法学教育　法学伦理

一、引言

当我们谈到人工智能时，我们可能会想到机器人、智能家居、自动驾驶等各种未来感十足的场景。然而，人工智能在法律领域的应用已经不再是未来的事情，而是正在迅速地改变着法律行业的面貌。[1] 随着人工智能技术的不断发展，越来越多的法律机构开始使用人工智能技术来提高效率、减少错误，并且为客户提供更好的服务。但与此同时法律这一传统学科也面临着一些挑战，法学教育应当如何适应这种新兴技术的发展和应用？本篇文章将探讨人工智能对法学教育的影响，分析如何将这种新兴技术与法律教育相结合，以满足未来法律行业的需求。

二、人工智能概述

（一）人工智能的定义

尽管人工智能技术已经发展了多年，但是对于人工智能的定义和范畴仍然存在争议。一般认为，人工智能是一种利用计算机模拟人类智能的技术，它将计算机程序和算法应用于数据处理、决策和控制等方面，能够处理和解决许多现实世界中的问题。

笔者认为人工智能（Artificial Intelligence，AI）是一种模拟人类智能的技术，包括自然语言处理、机器学习、计算机视觉、

---

〔1〕 黄逸超等：《人工智能的文化风险与规避进路》，载《科技风》2021年第12期。

语音识别等领域。[1] 它是一种计算机程序和算法，通过对大量数据的学习和分析，使计算机能够模拟人类的思维方式，从而进行自主决策和判断，其行为结果甚至超越人类的智能水平。

从技术层面来看，人工智能的主要特点包括以下几个方面：

学习能力：人工智能系统能够通过学习大量的数据，从中提取规律和模式，并不断更新自己的知识库。

自主决策能力：人工智能系统能够根据自己的学习和分析结果，做出相应的决策和判断。

模拟人类智能：人工智能系统的设计初衷是为了模拟人类智能，在数据分析过程中能够执行类似于人类的认知和推理过程。

高效性和准确性：相比人类，人工智能系统可以更快、更准确地处理和分析海量的数据。

自适应性：人工智能系统能够根据外界环境的反馈与变化，调整自己的行为和决策。

（二）人工智能的应用领域

随着人类社会各种科学技术的不断发展，人工智能这一跨学科的技术诞生，我们可以看到其涉及多个领域，包括计算机科学、数学、统计学、心理学、哲学等。可以说，人工智能是一种整合了多种科学的超级应用工具，目前已经被广泛应用于许多领域：

自然语言处理（Natural Language Processing，NLP）：自然语言处理是人工智能的一个重要分支，它涉及对人类语言的理解和处理。例如，语音识别、机器翻译、文本分类和情感分析等。自

---

〔1〕 邹蕾、张先锋：《人工智能及其发展应用》，载《信息网络安全》2012年第2期。

然语言处理是人工智能人机交互的基础，也是很多复杂人工智能技术的基础。

机器学习（Machine Learning，ML）：机器学习是人工智能的另一个重要分支，它涉及利用计算机程序和算法自动学习和提取数据中的规律和模式。例如，监督学习、无监督学习、强化学习等。人工智能的学习不受时间空间限制，可以快速地完成数据积累及数据库整合。

计算机视觉（Computer Vision，CV）：计算机视觉是人工智能的一个重要领域，它涉及计算机对图像和视频的理解和处理。例如，人脸识别、目标检测、图像处理和视频分析等。

人工智能在法律领域的应用：例如，人工智能在法律文书的生成和管理、智能合同的生成和管理、法律咨询和诉讼支持等领域都有应用。

人工智能在医疗领域的应用：例如，医疗影像分析、医学诊断和治疗支持、健康监测和预测等。

自动驾驶技术：自动驾驶技术是人工智能技术在交通领域的应用，它涉及计算机自动驾驶和交通管理。

人工智能在金融领域的应用：例如，风险评估、欺诈检测、智能投资和理财等。

结合目前的客观情况来看，人工智能已经成为各个领域的重要技术，并且随着技术的不断发展，人工智能还将涉及更多的领域和应用。

（三）人工智能的分类

法律相关数据的处理要求严谨、准确，目前人工智能技术根据其处理数据的方式、解决问题的方式和模拟人类认知的方式，与法律相关数据的处理主要有以下几类：

规则型人工智能：基于人类制定的规则和逻辑，将数据输入到计算机系统中，通过程序逐步推演出最终的结果。这种人工智能适用于处理逻辑清晰、规则明确的问题，如法条中的定罪量刑、罪与非罪的判断等。

机器学习型人工智能：通过让计算机自行学习和优化算法，从大量数据中提取规律和模式，达到自主学习、识别和分类的能力。这种人工智能适用于处理大量数据，如图像识别、语音识别、自然语言处理等。

深度学习型人工智能：基于人工神经网络模型，通过多层次的神经网络实现对数据的学习和分析，具有更高的准确性和泛化能力。这种人工智能适用于处理图像、语音、文本等多媒体数据，并广泛应用于自动驾驶、智能语音助手等领域。

除此之外，还有基于遗传算法、进化算法等自适应算法的人工智能，以及基于感知机、决策树、支持向量机等分类器的机器学习算法等。不同的人工智能技术可以结合使用，以实现对问题更高效、更精确的解决方案。

三、人工智能对法律行业的影响

人工智能在法律行业中的应用已经带来了广泛的影响。从自动化法律工作流程到智能化的法律咨询服务，人工智能技术已经开始改变传统的法律工作方式和服务模式。

自动化法律工作流程的实现，可以使法律从业者将更多的时间集中在需要高度专业化和人类智慧的工作上，从而提高工作效率和减少错误率。智能化法律咨询服务则为广大公众提供更便捷、更快速、更高效的法律咨询服务，同时降低律师和律所的成本。

此外，人工智能技术还可以通过数据分析和机器学习算法等手段，提供数据驱动的法律分析和判决预测，以及个性化法律服务等。这些技术应用的推广，将带来全新的法律服务模式和创新性的业务。

当然，随着人工智能技术的发展和应用，也会产生一些法律和伦理问题。例如，智能机器人是否能代替律师、法律机器学习算法是否会有歧视等问题，需要人们对法律行业的规范和伦理问题进行深入的探讨和研究。

因此，如何在新技术与传统法律之间寻求平衡，发挥技术和法律的最大优势，是法律行业面临的重要挑战和机遇。

（一）传统法律行业的变革

随着人工智能和其他技术的不断发展，传统的法律行业也正在经历一场深刻的变革。在这个过程中，一些新的服务和业务模式正在涌现，同时也对传统法律行业从业者提出了新的挑战。

传统的法律行业通常依赖于手工操作、纸质文件和复杂的人际交往。然而，现在许多法律工作可以通过人工智能技术实现自动化，从而提高效率和准确性。例如，电子文书系统、智能合同生成、自动化的法律审查和合规性检查等，都可以通过人工智能技术实现自动化处理。

另外，随着互联网的发展，传统的律师服务模式也在发生变化。传统的法律服务通常是面对面的，但是现在越来越多的律师和律所开始提供在线法律服务，通过电子邮件、即时消息和视频会议等方式提供法律咨询和服务。这些服务模式的变革，使得法律服务更加便捷和高效。

此外，人工智能技术还可以通过数据分析和机器学习算法等手段，提供数据驱动的法律分析和判决预测，以及个性化法律服务等。这些技术应用的推广，将带来全新的法律服务模式和创新性的业务。人工智能技术还可以协助律师进行案件的预测和风险评估，从而提高诉讼的胜率和降低成本。这些技术的应用可以极大地提高传统法律行业的效率和质量，并且也在一定程度上改变了律师等法律从业者的角色和工作方式。

（二）新兴法律服务的崛起

随着人工智能的快速发展和应用，一些新兴的法律服务开始崛起。其中，最受欢迎的是在线法律服务平台。这些平台提供在线法律咨询、文书起草和在线诉讼等服务，使得法律服务变得更加便捷和实惠。例如，美国的 LegalZoom 平台[1]提供在线文书起草服务，用户只需填写一份问卷，就可以快速获得符合法律标准的文书，而无须支付高昂的律师费用。此外，法律搜索引擎也在兴起，这些搜索引擎可以帮助用户快速查找相关法律信息和判例，从而使得法律服务更加透明和开放。例如，中国的“法信”平台提供法律信息搜索和风险评估等服务，受到了越来越多用户的欢迎。这些新兴的法律服务，通过借助人工智能技术和互联网平台，为用户提供更加便捷和高效的法律服务，并且正在逐步改变传统法律服务的市场格局。

除了在线法律服务平台和法律搜索引擎之外，还有一些其他的新兴法律服务正在迅速发展。在欧洲和美国，智能合同是一种新兴的法律服务。智能合同是指基于区块链技术的自动化合同，

〔1〕 参见 https：//www.legalzoom.com/，最后访问日期：2021 年 12 月 6 日。

能够自动执行和验证合同条款，提高合同的效率和可靠性。例如，芬兰的Utopia Annalyst开发了一种名为"Utopia"的智能合同平台，[1] 能够为用户提供自动化合同管理和执行服务。此外，机器人律师也是一种新兴的法律服务，它可以通过自然语言处理和机器学习技术帮助用户解决简单的法律问题。例如，英国的DoNotPay平台就是一种机器人律师，[2] 它能够帮助用户申诉罚单和索赔保险等简单的法律事务并声称自己平台是世界上第一个"机器人律师"。这些新兴的法律服务，利用人工智能技术和区块链技术等新兴技术，能够更加高效和可靠地为用户提供法律服务，带来了法律行业的颠覆性变革。

除了智能合同和机器人律师之外，还有许多其他新兴的法律服务正在崛起。例如，虚拟法律助手是一种利用人工智能技术为用户提供法律咨询和指导的新型法律服务。这种服务利用自然语言处理和机器学习等技术，能够根据用户的问题和情况提供个性化的法律咨询和建议。比较著名的美国LegalMation平台[3]就是一种虚拟法律助手，它能够根据用户输入的案件信息和法律要求，自动分析案件并生成法律文件。此外，基于人工智能技术的法律预测也是一种新兴的法律服务。这种服务利用机器学习等技术，分析过去的法律案例和判决结果，预测未来类似案件的判决结果，为用户提供指导和建议。例如，美国的Lex Machina平台[4]就是一种基于人工智能技术的法律预测服务，它能够为用户提供诉讼结果和诉讼趋势的分析和预测。这些新兴的法律服

---

[1] 参见https：//www.utopiaanalytics.com/，最后访问日期：2021年12月6日。

[2] 参见https：//www.donotpay.com/，最后访问日期：2021年12月6日。

[3] 参见https：//www.legalmation.com/，最后访问日期：2021年12月6日。

[4] 参见https：//lexmachina.com/，最后访问日期：2021年12月6日。

务，通过利用人工智能技术，为用户提供更加高效和便捷的法律服务，正在对传统的法律行业造成深远的影响。[1]

（三）法律行业的就业前景变化

在人工智能和新兴法律服务的崛起下，法律行业的就业前景呈现出复杂多变的趋势。一方面，传统的法律服务市场将受到冲击，法律服务机构和律师事务所的就业形势可能面临不小的挑战。另一方面，新兴法律服务市场的崛起也带来了许多新的就业机会。例如，一些技术公司和创业公司在法律领域开展业务，需要招聘具有法律和技术背景的人才。同时，随着法律服务的多元化和复杂化，律师和法律服务从业人员的专业化程度也将得到提高，这将带来更多高端就业机会。因此，尽管法律行业的就业前景受到了影响，但也会带来新的机会和挑战，需要从业人员具备更多的跨学科能力和适应能力。

以人工智能为例，近年来出现了许多法律科技创业公司，如法律 AI 公司 ROSS Intelligence[2] 和 Kira Systems,[3] 他们开发的人工智能软件可以协助律师自动化一些重复性的工作，提高工作效率。同时，由于这些公司需要专业的法律人才来设计和测试人工智能系统，因此也为法律从业者带来了新的就业机会。

在新兴法律服务领域，例如在线法律服务平台和法律科技公司，也为法律从业者提供了新的就业机会。例如，在线法律服务平台 LegalZoom 和 Rocket Lawyer 提供的在线法律咨询和文件起草

---

〔1〕 李晓：《人工智能时代律师职业的发展》，载《法制与社会》2021 年第 3 期。

〔2〕 参见 https：//rossintelligence. com/case-studies，最后访问日期：2021 年 12 月 6 日。

〔3〕 参见 https：//kirasystems. com/solutions/law-firms/，最后访问日期：2021 年 12 月 6 日。

服务，需要大量的法律从业人员来提供咨询和服务。另外，一些法律科技公司提供的数据分析和预测服务，也需要具有法律和数据科学背景的人才来协助开发和运营。

(四) 人工智能在法学伦理中的作用

在人工智能全面发展的时代，人工智能和法律伦理存在一种互动关系。一方面，人工智能的应用在法律领域带来了很多便利，比如能够加速诉讼过程、提高司法效率等，但同时也涉及很多法律伦理问题，例如如何保护人权、隐私等。另一方面，法律伦理也需要指导人工智能的应用，确保其不会对人类造成伤害或者不公平的待遇。因此，人工智能和法律伦理是相互关联、相互制约的关系，需要不断地进行讨论和探索。

人工智能在法学伦理中的作用可以从多个角度来看待。一方面，人工智能可以帮助解决一些传统法学伦理所面临的难题，例如提高法律的公正性、平等性、透明度等。另一方面，人工智能也会引发一些新的伦理问题，例如自主性、责任、隐私、安全等。

首先，人工智能可以帮助提高法律的公正性和平等性。传统法律的实施中存在很多主观因素，例如法官的人类偏见、判例的不确定性、案件的主观判断等，这些因素都会对法律的公正性和平等性造成影响。而人工智能可以通过自动化和标准化的方式来减少这些主观因素的影响，从而提高法律的公正性和平等性。例如，人工智能可以通过大数据和机器学习来预测案件的结果，从而减少法官的人类偏见；人工智能可以通过智能合约等技术来自动化合同的执行，从而减少合同的主观判断。

其次，人工智能可以帮助提高法律的透明度。传统法律的实施中存在很多信息不对称的问题，例如法官和律师对案件的理解和掌握程度、判例和法律的解释等，这些问题都会导致法律的透明度不足。而人工智能可以通过数据挖掘和自然语言处理等技术来处理和解析海量的法律信息，从而提高法律的透明度。例如，人工智能可以通过对案件的分析和比对来判断判决的一致性和合理性，从而提高法律的透明度；人工智能可以通过对法律文书的自动化处理和分类，从而提高法律的可读性和可理解性。目前已经出现了一些由人工智能进行审判的案例。例如，在美国，佛罗里达州的一家法院使用一种名为“Compas”的软件来预测犯罪嫌疑人的再犯风险，并将其作为判决的参考依据。[1] 在中国，智慧司法建设的发展势头迅猛，已经成为中国法治的一张亮丽名片。北京市高级人民法院的“睿法官”办案系统，基本实现了审判各环节的数字化。通过大数据检索和算法技术模拟，再现法官办案的思维方式，为法官提供高效率的辅助支持。互联网法院则是以跨域立案、跨域案件网上审理、跨域案件执行等为标志的远程智慧司法模式，将区块链、5G 技术融入其中，实现网上跨时空诉讼，在线完成从案件起诉、登记立案、举证到开庭审理、裁判，直至文书送达和执行的全部审理流程。这是智慧司法实践成果的集中展现。[2] 不过，这些案例中，人工智能系统仍然只是一个辅助工具，最终的审判结果仍然需要由人类法官做出决定。

然而，人工智能也会引发一些新的伦理问题。例如，人工智

---

〔1〕 State v. Loomies，“Wisconsin Supreme Court Requires Warning Before Use of Algorithmic Risk Assessments in Sentencing”，https：//harvardlawreview. org/2017/03/state-v-loomis/，last visited on Dec. 20，2021.

〔2〕 参见《“智慧法治”制度建设的理论与实践问题》，载 https：//www. yn. gov. cn/ynxwfbt/special/2021/0425/3428. html，最后访问日期：2021 年 12 月 20 日。

能在判决和预测案件结果时可能会存在误判和偏见的问题，从而影响刑事公正；人工智能在处理大量的法律信息时可能会侵犯个人隐私，从而影响个人权益；人工智能在智能合约等领域的应用中可能会存在安全性和责任的问题，从而影响社会稳定和发展；比如算法的透明度、公正性、客观性等。这意味着，算法应该基于客观、中立、公正的原则进行开发，避免受到开发者的偏见和人为因素的影响。[1]

因此，人工智能在法学伦理中的作用是一个复杂的问题，它或是“技术—经济”决策导致的风险，也可能是法律保护的科技文明本身带来的风险，这一社会风险具有共生性、时代性、全球性的特点。同时，智能革命对当下的法律规则和法律秩序带来一场前所未有的挑战，在民事主体法、著作权法、侵权责任法、人格权法、交通法、劳动法等诸多方面与现有法律制度形成冲突，凸显法律制度产品供给的缺陷。[2]

有许多国家和地区都制定了相关的法律和法规来规制人工智能技术的应用，以确保其符合法学伦理。以下是一些具体的例子：

中国《数据安全法》：该法律规定了数据安全的要求和标准，包括个人信息的保护和隐私保护。该法律还规定了人工智能技术的应用和使用的限制和规定。

美国加州消费者隐私法（CCPA）：该法律规定了公司如何收集、使用和共享消费者个人信息的规则，以及消费者对此有哪些

---

〔1〕 王佑镁、王旦、柳晨晨：《从科技向善到人的向善：教育人工智能伦理规范核心原则》，载《开放教育研究》2022年第3期。

〔2〕 吴汉东：《人工智能时代的制度安排与法律规制》，载《法律科学（西北政法大学学报）》，2017年第9期。

权利。该法律还规定了人工智能技术的使用和应用的限制和规定。

美国联邦贸易委员会（FTC）：FTC 发布的“AI 与算法”报告旨在帮助企业和机构更好地理解和管理使用人工智能和算法的风险和挑战。该报告也为立法者和监管机构提供了一些指导和建议，以确保人工智能技术的应用符合法学伦理。

日本政府于 2016 年通过了《下一代人工智能推进战略》。该战略明确了日本政府在人工智能领域的发展目标，并提出了相关政策措施。此外，日本还制定了一些针对人工智能和数据的具体法律规定，包括：

《个人信息保护法》：该法律规定了个人信息的处理、利用和保护的标准和程序。

《知识产权法》：该法律规定了人工智能算法的知识产权归属问题。

《信息网络传播权保护法》：该法律规定了数据在网络上的使用和保护。

欧洲联盟在 2021 年 4 月发布了人工智能规则和指南草案，该草案对人工智能应用的一些伦理问题提出了规范和建议。例如，对于可能带有歧视性和不公正性的算法，草案要求制定者需要对其进行透明度和可解释性的说明，以避免对不同群体造成不公正影响。

2018 年，欧盟《通用数据保护条例》（GDPR）颁布，[1] 该法律旨在规范个人数据的处理和保护。在人工智能的应用中，

---

〔1〕 参见 https：//www. europarl. europa. eu/news/en/headlines/society/20180522STO04023，最后访问日期：2021 年 12 月 20 日。

GDPR 要求企业必须保证数据使用的合法性、透明性和安全性，并且被识别的个人必须同意其数据被使用。

2019年，欧洲议会通过了《欧洲的道德准则》。[1] 该准则对人工智能应用提出了伦理要求，包括要求保证透明性、负责任的设计和开发以及重视公共利益和人权等。

英国的《数据伦理框架》也规范了人工智能应用的一些伦理问题。该框架要求企业在设计和开发人工智能应用时应考虑到个人数据的保护、公平性、隐私等问题，并且对算法决策应保证可解释性和可追溯性。

四、人工智能对法学教育的影响

（一）法学教育内容的更新

随着人工智能技术的快速发展，法律服务和行业的变革已经成为大势所趋，这也对法学教育提出了新的要求。其中，法学教育的内容更新是其中一个重要的方面。传统的法学教育注重基础理论知识的传授，但随着人工智能技术的应用和法律行业的变革，学生所需要掌握的知识和技能也在不断变化。因此，为了适应这一变化，法学教育需要及时更新教育内容，以更好地满足人工智能时代法学人才的需求。

具体来说，法学教育的内容更新主要表现在以下几个方面：

数字化思维和技能的培养：随着数字化时代的到来，学生需要具备数字化思维和技能，比如数据分析、程序设计、人工智能技术的应用等。法学教育需要将这些内容融入教学中，培养学生

---

〔1〕 参见 https://www.europarl.europa.eu/news/en/press-room/20210517IPR04135，最后访问日期：2021年12月20日。

的数字化思维和技能。

人工智能技术的应用：法学教育需要教授学生如何应用人工智能技术来处理法律案例和数据分析，以便学生更好地适应未来的法律服务和行业变革。

法律与技术的交叉学科：法律和技术的交叉学科是新兴的学科领域，涉及法律、计算机科学、人工智能等多个领域。法学教育需要加强对这一交叉学科领域的教育，让学生了解技术对法律的影响，并掌握相关技能和知识。

创新思维的培养：人工智能时代的法律服务需要更加创新的解决方案，因此法学教育需要注重培养学生的创新思维和能力，鼓励他们探索新的解决方案，并实现法律服务的创新。

总之，法学教育的内容更新需要顺应人工智能时代的需求和趋势，将数字化思维和技能、人工智能技术的应用、交叉学科领域的知识和技能以及创新思维和能力等内容融入教学中，以培养适应未来法律服务和行业变革的优秀法律人才。

学校也开始重新审视和调整课程设置，引入人工智能相关的内容，以适应这一时代的发展。例如，美国哈佛大学法学院开设了《人工智能与司法制度》课程，旨在探讨人工智能技术对司法制度的影响；英国剑桥大学也开设了《人工智能法律与政策》课程，介绍人工智能技术在法律和政策方面的应用和挑战。在日本，东京大学法学部开设了“法律与信息技术”专业，培养法律领域的人工智能专家。

然而，法学院校的转型并非易事。由于人工智能技术属于理工科范畴，许多传统的法学院校并没有开设这类课程的师资资源。因此，一些法学院校采取了与科技公司或人工智能领域的专业机构合作的方式，引入外部师资和资源，以保证课程的质量和实用性。例如，北京大学法学院与阿里巴巴人工智能实验室合作开设了《人工智能法律研究》课程，旨在让学生了解人工智能在法律领域的应用和挑战，并引导学生进行相关研究。

（二）人工智能技术推动法学教育方式的改革

人工智能技术在法学教育中的应用，对法学教育产生了深远的影响，具体体现在以下几个方面：

提高教育效率：人工智能技术可以通过智能化的评估和反馈系统，为学生提供个性化的学习路径和教学资源，同时也能够有效地监督学生的学习进度，提高教学效率。

改善教学质量：人工智能技术可以通过智能化的问答系统和自动批改系统，为学生提供更加精准、准确的答案和反馈，同时也能够减轻教师的负担，提高教学质量。

拓展教学领域：人工智能技术可以实现虚拟教学、远程教学和在线教学，让学生可以随时随地参与学习，并且能够模拟实际情境，提高学生的实践能力和应用能力。

提高法学研究水平：人工智能技术可以应用于法律文献检索、案例分析和法律研究等领域，帮助法学研究者更快、更准确地找到所需信息，提高法学研究的水平。

推动法学教育创新：人工智能技术的应用也促进了法学教育的创新，例如在法律职业教育方面，可以通过虚拟仿真技术和实践教学等方式，提高法律职业人员的实践能力和应用水平。

（三）人工智能技术在法学教学中的应用

人工智能技术在法学教育中的应用越来越广泛，可以帮助学生更好地理解法律知识、提高案例分析和判断能力以及更高效地处理大量的法律信息和文献。以下是人工智能在法学教学中的几种应用方式：

案例分析和判断：人工智能技术可以通过对大量案例进行深度学习，帮助学生更好地理解法律原理和应用，提高案例分析和判断能力。学生可以通过与人工智能系统的互动，快速掌握重要的案例和法律原则，同时也可以通过模拟真实案例的方法进行模拟诉讼，并对法律问题进行分析和解决。

法律信息的处理：在法学教育中，学生需要阅读大量的法律文献和案例，以获取相关的法律知识。人工智能技术可以通过自然语言处理和信息检索技术，帮助学生更高效地处理大量的法律信息和文献，并提供针对性的搜索结果。

教学辅助工具：人工智能技术可以作为教学辅助工具，帮助教师更好地设计和开展教学。[1] 例如，人工智能系统可以根据学生的学习情况和表现，自动调整教学计划和内容，提供个性化的学习体验和指导。同时，人工智能技术还可以通过虚拟现实和增强现实技术，模拟实际法律场景和情境，提供更具有现实感和体验性的教学。

在线学习平台：人工智能技术可以应用于在线学习平台，为学生提供更加智能化的学习体验。例如，学生可以通过在线学习平台与人工智能系统进行互动，获取个性化的学习内容和答疑服务。同时，人工智能系统还可以通过学生的学习数据和行为，提供更为精准的学习建议和指导。

人工智能技术在法学教学中的应用，可以帮助学生更好地理

---

〔1〕 李振、周东岱、王勇：《"人工智能+"视域下的教育知识图谱：内涵、技术框架与应用研究》，载《远程教育杂志》2019 年第 7 期。

解法律知识、提高案例分析和判断能力、以及更高效地处理大量的法律信息和文献。这些应用方式不仅可以提高法学教育的质量和效率，还可以培养学生的创新能力和实践能力，以适应未来法律行业的发展。

（四）法学教育过程中对人工智能伦理的关注

在法学教育中体现对人工智能伦理的关注，可以从以下几个方面入手：

法学课程设置：学校可以在法学专业的必修或选修课程中增加人工智能和伦理相关的内容，让学生了解人工智能技术在法学中的应用和相关的伦理问题，培养学生的法学伦理意识。

案例教学：教师可以选取一些与人工智能相关的案例进行教学，让学生通过分析案例来理解人工智能在法学中的应用和相关的伦理问题，培养学生的判断和分析能力。

研究生课程设置：针对法学研究生，学校可以开设专门的人工智能和伦理相关的课程，深入探讨人工智能在法学中的应用和相关的伦理问题，培养高水平的人工智能和法学交叉领域的人才。

教材编写：编写适用于法学教育的人工智能和伦理相关的教材，为教师和学生提供专业的教学资源，推动人工智能和法学教育的融合。

学术研究：开展人工智能和伦理相关的学术研究，为法学教育提供前沿的理论支持，同时也为社会各界提供参考和借鉴。

五、人工智能背景下法学教育的转型与发展方向

在人工智能迅速发展的背景下，法学教育需要进行相应的转

型以适应新的发展趋势。以下是一些转型方向的建议：

增加人工智能相关知识的教学：法学院需要增加人工智能相关的教学内容，包括人工智能的基础知识、技术应用、法律规制等方面的内容，以提高学生对人工智能的理解和应用能力。

强化法律技能培养：法学院需要在教学中更加强调法律技能的培养，包括法律写作、法律研究、法律分析、案例解决等方面的技能，以提高学生的综合素质和实践能力。

加强实践教学：法学院需要通过实践教学，将学生所学的理论知识应用到实践中，例如提供实习机会、参与模拟法庭等活动，以培养学生的实践经验和解决问题的能力。

推广在线教育：法学院需要积极推广在线教育，为学生提供更加便捷、灵活的学习方式，同时也可以为远程学生提供更多的学习机会。

引进人工智能技术：法学院需要积极引进人工智能技术，例如智能教学平台、智能辅助写作工具等，以提高教学质量和效率。

总之，随着人工智能技术的不断发展，法学教育需要及时进行相应的转型和调整，以适应新的发展趋势和应用需求。

课堂与教学

Curriculum and Teaching

日本法学教育的课程设置

——以东京大学法教育为样本

◎姜雪莲*

一、中国法学教育面临的问题

党的十八届四中全会通过的《中共中央关于全面推进依法治国若干重大问题的决定》提出要全面推进依法治国，创新法治人才培养机制，培养造就熟悉和坚持中国特色社会主义法治体系的法治人才及后备力量。法学学位与研究生教育制度成为培养高层次高素质的法治人才的主要途径。

我国从1950年开始即招收法学研究生，1995年设立法律硕士教育，自1996年试办法律硕士按照国务院学位委员会第十四次会议审议通过的《专业学位设置审

---

* 姜雪莲，北京理工大学法学院副教授，法学博士。

批暂行办法》规定设置。法硕（法学）是教育部在2009年为了考生调剂，新成立的一个专业学位。而法硕（非法学）是从2000年就开始招生的一个专业学位。法学硕士的培养目标是以教学、学术等方面为指向，而法律硕士则是以实践为导向，[1] 但已区别于培养学术型人才的法学硕士，法律硕士又分为法本法硕与非法本法硕，前者是二年制，后者是三年制，同时又存在各种不同的培养类型。在多层次多类别的法学培养制度下，出现法学教育定位不清、课程体系和教学内容设置不合理、社会急需的复合型法治人才与高端法治人才缺少供给、[2] 法学人才的国际视野的局限性、[3] 存在法律硕士与法学硕士培养方式上的趋同等问题。[4] 这些问题大多可归结于课程设置的问题。也有学者直接指出课程设置问题——课程设置过于死板，必修课程数量太多。[5] 而课程设置是否科学合理则直接影响人才培养质量的高低。[6]

基于以上问题意识，本文以日本东京大学的法学教育——本科、研究生的课程设置、教学模式为分析对象，借以对我国的法学教育提供参考。

---

〔1〕 霍宪丹：《让法律硕士（JM）教育成为法律教育的主渠道》，载《中国高等教育》2002年第1期；袁碧华：《法律硕士考核标准的反思与重构：基于法律职业能力培养的视角》，载《高教探索》2013年第5期。

〔2〕 王新清：《论法学教育"内涵式发展"的必由之路——解决我国当前法学教育的主要矛盾》，载《中国青年社会科学》2018年第1期。

〔3〕 韩大元：《全球化背景下中国法学教育面临的挑战》，载《法学杂志》2011年第3期。

〔4〕 王利明等：《新时期法学学位体系和人才培养模式改革的探索》，载张文显主编：《中国法学教育年刊（2012—2013）》，法律出版社2014年版，第30~54页。

〔5〕 刘永光：《我国法学研究生教育现状之检讨——以中日课程设置及教学方式为中心》，载《厦门大学法律评论》2006年第1期。

〔6〕 邓珊：《法学本科教育职业化改革之课程设置问题研究》，载《大学教育》2017年第9期。

二、东京大学的法学教育

（一）法学院与法科大学院的定位

东京大学的法学教育由四部分组成：法学院、法曹培养专攻、综合法政硕士课程、综合法政博士课程。法学院是通过以法学、政治学为核心的教育研究，形成具备宽阔视野、以掌握法律思维、政治学基础理论为目的的人才培养。其中包括法律专业与政治专业。综合法政专攻博士课程：法学、政治学领域中，机遇理论、历史的角度、培养具备精深学识、在专业领域能够独自且高质量进行研究以及应用能力。法曹培养专攻旨在于培养具有贡献于社会的强烈意志与责任感、伦理观，在前沿法学领域以及国际法学领域中发挥重要作用的优秀的法律实务人士。

狭义的法学教育（法律专业科目的课程），由法学院与法科大学院来承担。成为法曹的主要路径是考入文科一类——法学院——法科大学院，进入司法研究所研修。近年对司法考试进行了改革，〔1〕无须考入大学院，通过司法考试的预备考试（以下简称“预备考试”）〔2〕——司法考试的路径。预备考试没有资格限制，法学院的三年级、四年级可以参加考试，一年级、二年级可以参加考试，如果通过预备考试，与法科大学院毕业者一样取得参加司法考试的资格。因此，作为成为法曹的最短路径，是优秀学生的出路。但是，预备考试的合格人数上限限制在 400 人，考试问题也不简单。预备考试分为法律科目与一般教养科

---

〔1〕 陈怡玮：《令和元年（2019 年）第 44 号法律评述——日本司法考试与法科大学院的最新改革》，载《法学教育研究》2021 年第 2 期。

〔2〕 司法考试的预备考试的信息可参见 https://www.moj.go.jp/jinji/shihoushiken/shikaku_saiyo_index.html，最后访问日期：2022 年 6 月。

目，2021年有7916人参加考试，315人合格。东大法学院二年级26人，三年级20人，四年级31人，共计99人合格。[1] 预备考试是为了经济实力不太充分的人设置的制度，从东京大学的合格人数来看，几乎没有受到大学法学教育就通过预备考试通过司法考试的人数不断增加，也许需要对法学院的教育进行反思。

（二）专业法学教育之前的一般教养教育

1. 一般教养教育的特征

考入东京大学，并非直接进入法学院，最初的两年在教养学部接受一般教养教育，之后进入法学院。在日本很多大学都取消了教养学部，[2] 东京大学认为，作为专业能力基础的一般教养，可以提供在法学院难以提供的语言教育、信息教育、经济学一级人文科学、甚至可以接受数学等专业科目教育的机会，可以以更宽泛的题目，进行调研、报告，以及探讨的讨论课也非常充实。

东京大学对于外国语教育更是投入甚多，提供多种学习外国语的机会，包括英语、法语、中文、德语、西班牙语、俄语、韩语、意大利语，很多都是外国教员指教，还设置很多提高听力、会话能力的课程。从法学教育角度，律师能在国际舞台上发挥其专长，不能仅有法律专业知识，掌握外国语，理解外国文化的素养也至关重要。另外，即便是专业的法律人士，但对信息的处理、经济的知识也是必不可少的。在大学时期，虽是初步的学习，但正因为有专业老师的指引，在将来会发挥很大作用。

---

〔1〕 按照合格者人数排序，第二位是庆应大学50人，第三位是早稻田大学29人，第四位是中央大学26人。

〔2〕 教养学部内容请参考 The University of Tokyo，Komaba（u-tokyo. ac. jp），载 https：//www. u-tokyo. ac. jp/en/，最后访问日期：2022年6月。

2. 教养学院的课程构建

在教养学部，最初的一年半，以学习基础科目、综合科目、主题科目为主，根据取得成绩决定进入哪个学院。剩下的半年，需要学习所进入学院的专业课教育。教养学部中进入文科 1 类的学生，取得教养课程所需的学分，都可以进入法学院学，不需要考虑成绩。但是文科 1 类、文科 3 类或其他科类要进入法学院（有 10 名左右的名额），如果不得优异的成绩是不能进入法学院的。以下以 2021 年教养学部二年的授课为基线，介绍教养学部的课程设置。

（1） 基础科目

前期课程是为了学习最低限度需要掌握的基本知识、学问研究的观点、想法、技能等的科目，不管是哪个专业都需要学习的内容，因此称之为“基础科目”，是所有学生的必修科目。文科系主要有外国语、信息处理、方法论基础（社会科学、人文科学）、基础研习、体育以及身体运动 5 个科目。理工科有外国语、信息处理、基础讲义、基础实验、体育以及身体运动 5 个科目。另外，文科 1 类（准备进入法学院）的学生，必须履修作为社会科学的基础科目之“法学 1”或“政治 1”“政治 2”的课程（合计 4 个学分）。前者相当于法学入门，后者为政治入门。

（2） 综合科目

综合科目是为了适应国际化、学际化时代所需的技能、形成多元化试点的选择必修科目。原则上根据各自的兴趣选择课程。A. 思想、艺术；B. 国际、地域；C. 社会、制度；D. 人、环境；E. 物质、生命；F. 数理、信息六个分科系，各个科系讲授的是各领域的前沿问题，补充基础科目学习的内容，横跨多个领域的内容。另外，L. 语言、交流属于“第三外国语”。与第一外国语、第二外国语一样，也有高级外国语课程，也设置了其他语种，比如希腊语、拉丁语、阿拉伯语、土耳其语、印度尼西亚语、越南语等。

具体的综合科目的课程简单介绍如下：

（a）思想、艺术=内心、身体与思想、美术史学入门、学习符合逻辑学的基础，从希腊科学至近代科学。

（b）国际、地域=现代南非的政治与国际关系，从历史与社会的角度审视文学，中国古典文学。

（c）社会制度=伊斯兰的法与社会、新冠疫情与法、经济学研究的现在、经济人类学。

（d）人、环境=产业位置与地域经济理论、世界多地域的水、土、人、能够创设核融合人工太阳能吗？

（e）物质、生命=森林生物学：共存森林生物、关于食的生物科学、量子技术与量子计算机。

（f）数理、信息=统计数据分析、微积分学绪论、常微分方程。

（3）展开科目

展开科目是加深基础科目学习的领域、题目的课程。主要以探讨论的形式进行，比如法中的宗教、劳动法入门等。

（4）主题科目

以特定的题目随时开设的选择科目。多以小班研讨课形式进行。也有由多个老师授课的连续讲授。比如，支撑粮食生产的植物、土壤科学、数理科学研究前沿：宇宙、物质、生命、信息 历史资料与地震、火山喷发。镰仓幕府法的史料选读，国际政治的新课题，最新的宇宙像，图书馆、文化馆、博物馆的背后等。

教养课程整体授课全貌，根据东京大学教养学部规则等制作表1。

表 1

科目类型	文科 1 类（预进入法学院的学生）
基础科目	
外国语	
即修外国语（英语等）[1]	5 学分[2]
未修外国语（德、法、西班牙语等）	6 学分
信息	2 学分
体育	2 学分
第一年的讨论课	2 学分
社会科学（各科目 2 学分）	需要选修 8 个学分，但需要选修法 1、法 2（4 学分）或政治 1、政治 2（4 学分）
法学 1　法学 1	
政治 1　政治 2	
社会 1　社会 2	
数学 1　数学 2	
人文科学	需要选修 2 个科目 4 个学分
哲学 1　哲学 2	
伦理 1 伦理 2	
历史 1 历史 2	
语言与文学 1-4	
心理 1 心理 2	

〔1〕 很多学生在高中受过英语教育，英语为即修外国语。其他外国语为未修外国语。

〔2〕 学分：105 分的授课时长 13 周（1 学期）为 2 个学分。

续表

科目类型	文科1类（预进入法学院的学生）
综合科目 L. 语言、交流 A. 思想、艺术 B. 国际、地域 C. 社会、制度 D. 人、环境 E. 物质、生命 F. 数理、信息	9学分 6学分
开展科目（1科目1学分） 社会科学探讨课 人文科学研讨课 自然科学研讨课 文理融合研讨课	任意选择
主题科目	2学分
共计所学学分	56学分

3. 外国语教育

（1）第一外国语、第二外国语与第三外国语的选择

外国语教育属于基础教育的一种，必有作为须科目设置的课程与属于综合科目的构成部分课程。前者是第一外国语和第二外国语。因为很多学生学习预估英语，作为第一外国语，即修外国语，未修外国语作为第二外国语，选择英语以外的语种。后者是综合科目中L. 语言、交流提供的课程中，履行9学分的选修必须课程。其中可以选择第一外国语、第二外国语以外的第三外国

语，主要是以高级课程或会话为主。这些外国语的课程（第一外国语 5 学分，第二外国语 6 学分、其他 9 学分），合计 20 学分，在教育学院的课程设置中占据很大比重（教养学院需要履修 56 个学分）。

重视外国语教育是教养课程常年以来传承下来的传统，授课方式也有变化。1980 年，第二外国语课程研读了卡夫卡的小说，主要以提高听力、会话为目的的课程为核心。这种课程设置主要是由于要在国家化社会中发挥专业法律人的作用，最低限度需要熟练掌握两种外国语，未来也不会减少外国语的学习比重。

（2）根据选择的语种进行分班

外国语从英语、德语、法语、中文、俄语、西班牙语、意大利语、韩语中选择两种语种，根据既修（第一外国语的英语）与未修（第二外国语）的选择进行分班。为了提供外国语授课的便利，一般以文科 1 类与文科 2 类的学生班级，文科 3 类学生的班级、理科 1 类学生的班级与理科 2 类、理科 3 类学生的班级来进行分班。比如，文科 1 类与文科 2 类有 750 人，一个班级大约有 30 人。根据 2021 年的资料显示，文科 1 类与文科 2 类的班级，共计 28 个。在 20 世纪 80 年代，德语选课人数最多，其次是法语，近期选修中文的人数最多。

（3）文科 1 类学生的授课时间表

文科 1 类学生究竟接受哪些课程教育，以下通过网上公开的文科 1 类学生授课时间表，试做了一个模型。第一年，纯粹的法学教养学院的课程，第二年，除了法学教养学院的课程，开设了法学院教师提供的法学课程［其中包括：民法 1 部（相当于民法总论）、刑法 1 部、宪法等］。这些法学教养学院的课程在东京大学驹场校区，属于法学院的课程，计入法学院毕业所需的学分中。

教养学部第二年，虽然在驹场校区学习，但法学院的课程增多，预计进入法学院的学生，一般不再履修教养学院的课程。当然，如何学生想履修，也可以选择。以留学等目的继续选修外国语的学生不占少数。

（三）法学院的法学教育

1. 法学院的入学与类别

履修教养学部的课程的文科1类的学生，转到本乡校区学习。法学院的专业法学教育[1]正式拉开帷幕。法学院的课程类别主要有法律课程（私法、公法）、基础法学课程（法制史、法哲学、外国法、法社会学），政治课程有政治学、政治史、政治思想史等。与其他大学不同的是，其他大学的法学院由法律系的老师组成，只讲授法律课程，而东京大学法学院有很多政治专攻的教授，政治课程也非常充实。学习政治系的学生，一学年400人，占一成比例，学校提供一流的师资与课程。

1991年，东京大学进行组织机构改制，以大学院为中心进行构建。法学院的教员，在组织上属于东京大学法学院政治学研究科（相当于研究生院）的教员，承担大学院的教学任务外，也承担法学院的教学任务。因此，准确地说，不是法学院的老师，而是法学政治学研究科教授。

法学院没有设置如教育学院的前期课程的班级，根据将来的方向选择，大致可分为1类、2类、3类。根据类别的不同，需

---

〔1〕 专业法学教育内容请参考 https://www.j.u-tokyo.ac.jp/law/overview/，最后访问日期：2022年6月。

要履修的课程也不同。至 2017 年改革之前，分为私法方向（1 类）、公法方向（2 类）与政治方向（3 类）。1 类主要为法曹实务者提供的课程，2 类为公务员考试成为公务员的课程，3 类为学习政治学提供的课程。

2017 年之后，研究方向进行再整合，原来的分类不能很好体现学生今后的方向性预期（没有提供不成为法曹、公务员的学生的课程）。另外，在各个分类中，对必修课程、选修课程的分配进行了调整。修改后，新设 2 类（法律专业课程）为有志愿成为法曹之人的课程，新 1 类（法学综合）包括志愿成为公务员、进入民间企业的课程，成为学习一般法律的课程。新 3 类（政治课程）与原来的 3 类相同。

2. 课程设置

课程分为必修课程、选修必修课程与选修课程。新 2 类（法律专业课程）必修科目较多（46 学分）。选择必修，需要从基础法律科目中取得 4 学分。2017 年之前，需要从英美法、德国法、法国法的科目中选修一科（4 学分），改革后，不限于外国法，只要从基础法律学科中取得 4 学分即可。选择必修之外，是选修课程，提供多种实体法课程。其中，除了民法 4 部（亲属、继承）、刑法 2 部（刑法各论）、商法（公司法、票据法）等属于司法考试的科目外，还包括国际法、知识产权法、劳动法等司法考试的选择科目。

新 2 类的课程选修，必须修满 80 学分。

必修课程	名称（学分）		
46学分	宪法6 民法1部4 民法2部4 民法3部4 商法1部4 刑法1部4 刑事诉讼法4 行政法1部4 政治学4 民法基础研习2 研习2	总则、物权、债权各论、债权总论、公司法1、刑法总论、民诉	合同法、准合同、侵权
选择必修课须取得以上学分 新2类学生，选择英美法、法哲学的课程较多	英美法4 法国法4 德国法4 日本法制史4 日本近代史2 西洋法制史4 罗马法2 东洋法制史2 比较法原论2 中国法2 俄国法2 伊斯兰法2 法哲学4 法社会学4 法与经济学2	选修课程是选择必修与选修合计80学分，可以超出80学分 新2类学生，选择民法4部至劳动法的课程较多	民法4部 （亲属、继承） 公司法2部4（公司法2） 商法3部4（商事交易法） 刑法2部4（刑法各论） 民诉法2部4（执行法） 民诉法3部2（破产法） 行政法2部4 国际法1部4 国际法2部 知识产权法4 国私法4 劳动法4 国法学4（国家组织）

续表

必修课程	名称（学分）		
			租税法 4 经济法 社会保障法 4 消法 2 亚洲商事法 2 国际商事法 2 日本政治外交 4 经济学基础 4 统计学 1&2 4 （政治、经济关系的课程略）

3. 授课的特点

一般的授课采取讲授的方式。一节课时长 105 分钟。学期开始前，会制定教学大纲，介绍课程内容、制定教科书、参考书，授课的概要、目录等。以下以民法为例，民法整体分为四部分，民法 1 部：总则、物权；民法 2 部：合同、无因管理、不当得利、侵权；民法 3 部：债权总论与物权担保；民法 4 部：亲属、继承。授课顺序是民法 1 部（二年级），民法 2 部（三年级春季），民法 3 部（三年级秋季），民法 4 部（四年级春季）。对于新 2 类的学生，民法 1–3 部是必修课程，民法 4 部是选修课程。但是，民法 4 部是司法考试的范围，基本上新 2 类学生都需要选修。

民法 1–4 的教授，轮流教授，不会一个教员一直讲授一门课程。民法教员，虽然都有各级专长的研究领域，但应该对民法整体达到可以授课的程度，因此轮流讲授制度较好。东京大学认为教员可以讲授亲属、继承，但不能讲授担保物权，这作为民法的教员是不合格的。其他大学民法教员只讲授特定领域的内容，采用采取轮流讲授制度，每个教员讲授的内容、讲授方法、重点都不同，这也是教员之间的竞争，也是对学生的激励。

对于教材、参考书，指定哪些书目，由教员各自决定。根据讲授的领域不同，教员可自己制定教材，出售的教材、参考书、判例集、判例解说有很多，一般都从中挑选。每次授课时教员也会制作其他资料发给学生或上传于网页供学生下载使用。

4. 授课方式

法学部的民法（民法1-3部）有接近400人，教员采取讲授的方式进行，不适于提问、回答的方式。但是，民法4部不是必修课，100人左右，可以适当以提问、回答方式授课。

对学生提出的问题做出适当的回答，也是法学教育的重要组成部分。一节课结束后，有一些同学对该课程的内容存有疑问，教员会对所提问题做出回应，由于每节课之间的间隔太短，解答问题的时间不够充足。因此，有些教员会设置工作时间（office hour），在该时间段学生可以到办公室提出问题，东京大学没有设置义务性的工作时间。

5. 研习

研习课由各教员给学生确定的题目，学生做主题报告，一般以探讨的方式进行。有些教员会让报告者归纳总结提交报告，但实体法的研习很多不要求提交报告。

新2类的学生必须履修2学分研习课程。研习课每周一次，1学期是2学分。因为开设很多研习课，学生可以选择进入其中一个。有些研习课很有人气，需要通过成绩来甄选。三年级可以参加研习课，但三年级的必修科目很多，一般在四年级选择履修研习课。

(四) 法科大学院的法学教育

1. 概要

法科大学院是 2004 年新设的制度。在之前的司法考试制度之下，一方面，法学院对额教育并非为了通过司法考试，而是更宽泛的为了成为公务员或进入民法企业就职等一般的法学教育。参加司法考试的学生一般会去预备学校集中学习，这比在法学院学习的效力要高。但是，也会受到很多抨击，一方面，学生疏于法学的基本教育（不学习司法考试科目之外的内容，成为法曹后没有足够的法律教养储备）。另一方面，大学的法学教育也不能只有为通过司法考试而设的内容。为了解决这些问题，法学院的教育提供了可应对司法考试的授课设置了法科大学院。其理念是在法学院接受基础法学教育，再经过法科大学院提供针对培养法曹的课程。但是，法科大学院也接受在本科没有受过法学教育的学生。作为非法本的学生，在本科学习过经济、文学、理工科等，有不同教育背景的人希望成为法曹（以美国的法科大学院为模型，美国没有法学院，其他领域的人在法科大学院学习法律）。但现实的情况是，法院出身的学生认为自己没有很好消化法学院的教育，或工作之后一段时间没有接触法律之人，进入未履修法学（非法本）学习的人较多。

基于以上的原因，法科大学院开启三年教育的非法学履修课程，与在法学院学习过两年法律的法学履修（法本法学）课程。

法科大学院的课程有法理学理论的课程，也有教授实务基础的课程。后者由法官、检察官作为实务教员讲授。讲授法学理论的课程，与之前法学院的课程没有太大的差异，但其目的是通过司法考试，为将来成为法曹提供有意义的课程，其中也存在与法学院不同的内容。

2. 法曹培养专功与综合法政专攻

东京大学法学系的大学院是法学政治研究科，其又分为综合法政专攻与法曹养成专攻两部分。[1] 前者是培养以研究为目的的大学院，后者即是法科大学院。综合法政专攻分为硕士课程与博士课程，其下分为实体法方向、基础法方向、政治方向。

欲成为研究者的学生（撰写博士论文），入学综合法政专攻学习，在民法、刑法、诉讼法、行政法等实体法领域进行研究，即便将来要成为研究人员，也要经过法科大学院的教育，因此，综合法政专攻的硕士课程，不接受民法等专业的学生。这些学生，要通过法科大学院（当然能够通过司法考试更好，但不是硬性要求），才能进入综合法政专攻博士课程。宪法、国际法等比较特殊，其性质接近于基础法，不要求学生必须毕业于法科大学院，即可直接进入综合法政专攻博士课程。基础法学方向与政治方向的学生，可以直接从法学院进入硕士课程。

3. 法曹培养专攻的课程特征

法律基础课程有基础课程宪法、基础课程民法、基础课程刑法等，这些是为非法学的学生开设的课程。因此，基本上与法学院的课程相同，但非法学要用一年的时间达到法学履修者的水平。以民法为例，基础课程民法 1-3 部（各 4 学分），相当于法

---

〔1〕 综合法政专攻与法曹养成专攻内容请参考 https：//www.j.u-tokyo.ac.jp/，最后访问日期：2022 年 6 月。

学院的民法 1 部、2 部、3 部（各 4 学分），与法学院的学分相同，但法学院的民法课程需要两年的时间，而法科大学院的非法学学生只有一年的学习时间，刑法等其他基础课程处于同样状态，因此，会出现短时间内学习很多课程而不能很好消化的情况。

法科大学院课程的特征之一，是开设了法律实务课程。原本法律实务是在通过司法考试后，在司法研修所实习阶段学习的内容。然而伴随着司法考试的改革，司法考试合格人数增加，现有司法研修所无法提供所有的实务学习，因此，将原本在司法研修所讲授的基础法律实务的一部分提前在法科大学院讲授，即是法律实务课程。承担该课程的教员主要是法官、检察官、律师等。

民法、刑法、民诉等的法律课程，在法科大学院的讲授方法不同，更重视案例，以提问回答的方式上课。这在成绩上也有体现，平时成绩占整体成绩的 10%左右。另外，课程在内容上会加入“要件事实”（裁判中当事人主张的方式）内容。[1]

三、评价与启示

（一）法学部法学教育的分析与评价

1. 分析、评价的视点

法学教育是否成功，需要从法学教育的目的进行考察。东京大学的毕业生大多成为法曹（法律专家）、国家或地方公务员、大学教员、研究员，或就职于银行或其他金融机构、大型企业，他们在不同的岗位基于法律的思考能力（发现问题、分析问题、

---

〔1〕 要件事实与证明责任理论不同，但又与其有着密切的关系，以辩论主义为制度背景的要件事实论以其请求原因，抗辩、再抗辩到再再抗辩这样对抗式的诉辩结构为当事人的攻击防御提供了依据。

解决问题）推动社会前进为目的，非常重视以下三个方面的能力培养：第一，有专业能力；第二，需要持有政治、社会、经济的视点（政治系科目、经济系科目）；第三，重视具有广泛的基础知识与能力。因此，在评价法学教育时，法学教育是否适合这种人才的培养是评价的主要要素。

2. 提高学生的质量考量的要素

（1）法律专业知识与理解力。从法学院的授课内容可知，经过两年教养学部的学习掌握一般教养后，法学部设置了80学分的毕业必要单位，以新2类为例，除了民法、刑法、商法、民事诉讼法、刑事诉讼法等基本的法律科目外，还有如国际法、劳动法、组税法、知识产权法、经济法等很多选修科目，提供了充分的法律专业科目。以通过司法考试为目的的学生，会选择纳入司法考试范围的科目，对于其他科目即便感兴趣，也没有选修的余力。

对于众多的授课科目，学生是否理解也是至关重要的问题。虽然没有判断的材料和资料，但以法科大学院或预备考试路径通过司法考试的合同人数、合格率，东京大学总体位于上位，如果加上国家公务员考试合格者的数量，东京大学法学院是排名第一的，确实为社会输出了不少优秀的人才。

（2）文章力。对于撰写专业文章的训练，对于2类学生没有特别要求，对于3类学生，不需提交2个单位的调研报告。但如果参加研习，有些研习课要求对自己负责的题目自己查找资料，并提交论文进行口头报告，在这些场合都有锻炼文章的撰写能力。

进入法学政治学研究科以研究为目的的学生，民法方向的学生，与民法方向的教员、助教等组成“案例研究会”，都有做报告的义务，报告的案例经指导教员的修改指导，发表于法律专门杂志。但是本科与法科大学院的学生，就没有这种训练的场所。

（3）问题的发掘能力。东京大学非常重视学生带着问题意识学习法律科目，激励学生提出问题，在授课期间或授课时间外设置了答疑时间。以民法为例，为什么民法条文会如此规定，民法上为什么会存在这种制度，纠纷案例是基于什么进行裁判的，等等。如果短时间的讨论学生可以理解，自然没有问题，但很多是民法的基本问题，并非短时间可以解决的问题。就教员而言，对于一些难题，与其说服学生，不如让学生理解问题本身是一个复杂的问题，要经常带着问题意识进行学习。而开发学生发掘问题的能力，最重要的是教员本身在授课时带着问题意识、撰写论文，这样可以刺激学生带着问题意识学习。

（二）东京大学法科大学院授课存在的问题

东京大学法科大学院的授课，主要存在两个问题。

第一，法学院的课程与法科大学院的课程之间的关系。特别是本科已经学习了宪法、民法、刑法等科目的法学即修者，在法科大学院接受相同的民法 1、民法 2 等课程没有意义，法科大学院的课程与法学院本科的课程如何不同需要明确。其他大学也存在相同的问题。因没有公布重复课程教授的内容与方法，基于各种信息的推测，通过研读资料与设例，分析问题回答问题，提高回答问题的能力。有时会让学生以书面形式回答问题。换言之，充分考量司法考试问题，提高学生的问题回答能力。因没有统一的教材，问题由各教员自己制作。

第二，法科大学院的授课，以通过司法考试为目的，授课不宜引发学生的好奇心以及对学问的关心。各种选修科目，没有纳入司法考试科目的选修课，自由决定授课内容，可以引发学生的学习兴趣。但民法、刑法等较为困难。民法、刑法等以研究为目的的学生，也需要经过法科大学院的学习，但法科大学院是以司法考试为目的，欠缺问题意识与对学问的关心。

（三）对我国法学教育的启示

1. 法学专业教育与一般教养教育

培养学生在各个领域能基于法律思考的能力，发现问题、分析问题并解决问题，有利于促进社会的人才，不仅仅需要专业的法律能力，需要对政治、经济、社会整体有一定的见解，更重视能有较广的基础知识与能力。在法学人才教育上，东京大学以此为评价标准，在课程设置上体现了对一般通识课的重视。我国大学本科教育定位为素质教育，〔1〕将综合素质作为法学教育培养的基本目标，〔2〕研究者也给出了具体培养方式、内容与方法。〔3〕但大多数院校法学本科教育，从其课程设置上看，依旧以法学专业学习为主，而忽略一般素质教育的培养。

2. 国际化法学人才与外语教育

外语教育是法律人才国际化的必要路径，也是教育部、中央政法委对法律人才培养的要求。〔4〕要在国际上发挥法律专业才

---

〔1〕 葛云松：《法学教育的理想》，载《中外法学》2014 年第 2 期。

〔2〕 翟玉肖：《法学教育应当注重法律人才全面素质的培养》，载《河北法学》2008 年第 9 期。

〔3〕 王晨光：《以人才素质为导向　以人才培养规律为依据科学设置培养模式——国际法律人才培养的模式、内容与方法刍议》，载《法学教育研究》2021 年第 4 期。

〔4〕 教育部、中央政法委《卓越法治人才教育培养计划 2.0》（教高〔2018〕6 号），“培养一批具有国际视野、通晓国际规则，能够参与国际法律事务、善于维护国家利益、勇于推动全球治理规则变革的高层次涉外法治人才”。

能，没有外语助力是行不通的，这不能依靠翻译来完成。从外语教育来看，东京大学的法学教育很注重外语教育，课程设置上语种丰富，并且国外法的课程较多。相反，我国法学教育对外语培养较弱，很多学校没有第二外语的教育培养，即便是英语，也存在选课难的问题，大大阻碍了法律的国际化进程，造成国际法治人才匮乏。〔1〕

3. 法律硕士教育与司法考试的衔接

日本的法科大学院的课程设置以通过司法考试为核心，结合基础司法实务的课程，以达到预设的培养目的。我国的司法考试与日本不同，但也设置了考试科目，在法律硕士的课程设置上，没有很好地与司法考试衔接，甚至觉得法律硕士的课程不应以司法考试为主。虽然我国司法考试涉及科目较广，但是民法、商法、刑法、民诉、刑诉等基础科目，在讲授上应与司法考试有一定的衔接，也可以避免一边读法律硕士，还要接受校外的司考培训的情况发生。

---

〔1〕 刘坤轮：《〈法学国标〉与涉外法治人才培养关系辨析》，载《法学教育研究》2021 年第 3 期。

课程思政引领下刑法课程“2+3”教学模式的构建与实施*

◎胡　江　熊　威**

摘　要：为了深入贯彻学习习近平总书记在全国高校思想政治工作会议上的讲话精神，许多专业科目已经开启了与思政教育相融合的创新建设过程。刑法学作为依法治国背景之下的重要学科，需要回应国家的大政方针，在三全育人的要求下对自身进行新的定位，对培养人才的要求和模式进行革新。三全育人改革在必然需要思政教育作为目标和指引的前提下，仍需解决如何在刑法学教育教学的全过程中实现全员育人、全过程育人、

---

*　西南政法大学2021年校级教育教学改革（课程思政专项）项目“思政教育与专业教学深度融合的犯罪心理学新型教学模式实施机制研究”。

**　胡江，西南政法大学法学院副教授、硕士生导师、法学博士，主要研究方向为刑法学、犯罪学；熊威，西南政法大学法学院研究助理，主要研究方向为刑法学、犯罪学。

全方位育人的问题。刑法课程“2+3”教学模式在坚持课程思政理念的全过程指导的同时进行创新，在刑事一体化理念下利用高校和实务部门两个机构共同培养学生实务能力，在课前课中课后三个过程中进行全过程培养。

关键词：刑法教学　思政教育　三全育人　教学改革　实务能力

一、问题的提出

习近平总书记在全国高校思想政治工作会议上明确指出，要坚持把思想政治工作贯穿教育教学全过程，实现全员育人、全过程育人、全方位育人，努力开创我国高等教育事业发展新局面。为了深入贯彻学习习近平总书记的讲话精神，许多专业科目已经开启了与思政教育相融合的创新建设过程。课程思政的设计与规划必须遵循课程自身的运行规律，实现思想政治教育与专业课程教育的有机融合，在融合过程中要以专业课的主动性发挥为课程思政的重要源动力，进一步提升专业教师的思想政治觉悟，在教学过程中潜移默化地进行思政教育。

三全育人改革必然需要有思政教育作为目标和指引，明确这一点后一个问题接踵而至，怎么样才能在刑法学教育教学的全过程中实现全员育人、全过程育人、全方位育人呢？其中最为关键的也最为困难的就是全过程育人与全方位育人，体现在法学教育特别是刑法学教育中出现的最主要的两个问题：其一，人为分割实体法与程序法教学，同时忽视思政教育，从而使得在全方位育人上存在不足；其二，重视理论教学而忽视了实务教学，这就不利于实务人才的培养，也难以为毕业学生从事实务工作解决职业技能上的不足，因而在实现全过程育人方面存在不足。

二、“三全育人”要求下刑法学教育传统模式的不足

为了深入贯彻学习习近平总书记关于思政教育的重要讲话精神，许多专业科目已经开启了与思政教育相融合的创新建设过程，这些专业科目涉及多个领域，包括人文社科、工科、理科等。法学作为依法治国背景之下极为重要的学科，更需要回应国家的大政方针，在三全育人的要求下对自身进行新的定位，对培养人才的要求和模式进行革新。目前的刑法学教学模式主要还是沿用新中国成立初期教学模式，这是受到苏联教育模式的影响所建立的一种模式。在教学方法上主要采取老师讲授式的方式，教学过程也很注重正规化的理论教育方式，强调对于基础理论的讲授，搭建系统的法律框架，这是整个法学教育的基本方法。〔1〕如西南政法大学本科生的刑法学课程主要分为“刑法总论”和“刑法分论”两个部分，每个部分用一个学期（通常为48学时）进行讲解。这种方式对于培养学生的理解和掌握刑法学中基础的理论问题有一定的积极作用。经过这种学习模式的训练，学生可以对刑法学的基本理论问题有一定程度的掌握，并且拥有一定的学术研究能力。但是，传统教学模式也面临着一些不足与问题。

（一）忽视了思政元素和思政内容的深度挖掘

思想政治工作关系着培养什么人、怎样培养人、为谁培养人这一根本问题，把思想政治工作贯穿教育教学全过程是实现全员育人、全过程育人、全方位育人的根本之策。以推动“课程思

---

〔1〕 马民革：《法学人才培养与刑法教学方法》，载《国际关系学院学报》2006年第4期。

政”为目标，系统梳理和深入挖掘各门课程所蕴含的思想政治教育元素，最终实现课程育人、立德树人的根本任务是坚持中国特色社会主义教育发展道路，加快推进教育现代化，建设教育强国的重要举措。法学专业具有自身的特点，不仅仅是专业教育，更是一种意识形态教育。“意识形态工作一定意义上是争取人的工作，其着力点是赢得人心、争取人心，即文化作用的实现形式之一是‘化人’”。〔1〕

传统法学教育重视专业教学本身，在教学方法上主要采取老师讲授式的方式，教学过程也很注重正规化的理论教育方式，强调对于基础理论的讲授，搭建系统的法律框架，忽视了思政教育，对两者之间的融合不够。从法学专业的人才培养目标来讲，“法学专业教育的目标应当是一个多元立体的结构，其中法学知识的传递仍然是其基石，但已不是唯一的目标”。〔2〕习近平总书记指出，“中国特色社会主义法治道路的一个鲜明特点，就是坚持依法治国和以德治国相结合，强调法治和德治两手抓、两手都要硬。法学教育要坚持立德树人，不仅要提高学生的法学知识水平，而且要培养学生的思想道德素养”。而思政教育就是培养学生的思想道德素养中最重要的一环，在刑法学教学过程中如果忽视了思政元素和思政内容的挖掘，就必然达不到“全员育人、全过程育人、全方位育人”这个三全育人的要求。

（二）人为割裂了实体法与程序法的紧密联系

在反思传统刑法学观念和方法的基础上，我国刑法学者储槐

---

〔1〕 杨晓慧：《社会主义核心价值体系融入大学生思想政治教育全过程论析》，载《东北师大学报（哲学社会科学版）》2009 年第 5 期。

〔2〕 江保国、孙梦：《多元互动：法学专业教育目标体系初论》，载《高等农业教育》2008 年第 1 期。

植提出了“刑事一体化”思想。这一思想已经为法学界所广泛接受，并被越来越多地运用于刑事法律实训领域的研究与实践。刑事法学课程传统教学模式泾渭分明，人为割裂实体法与程序法课程之间紧密联系，致使学生无法从整体上学习和掌握刑事法学知识，缺乏整体刑事法学思维，进而难以对实务问题进行全局性地思考和把握。

然而无论是学习刑事法学知识还是参与司法实务，都需要全面系统地运用整体性的法学知识，孤立片面地学习刑事法学课程，人为割裂实体法与程序法，是与刑事法学教学规律不相符的，也是与科学教学模式以及实务能力的培养要求相悖离的，因而是应当摒弃的错误做法。虽然近些年来，一些教学改革试图纠正这一做法，但是“刑事一体化”思想在具体教学活动中的贯彻与落实还是不够有效、不够深入的。尤其是在法学学生进入司法机关、开始从事实务工作后表现得尤为明显，如果这个问题得不到解决，则全过程育人的要求就没有落到实处。

（三）未能实现理论知识和实务能力训练的衔接

目前传统法学教育中存在教师教学以填鸭式教学为主，学生参与程度不够，学生作为教学主体的地位未能得到充分发挥，纯粹空洞的理论教学不能很好地激发学生参与课题的热情。同时如果仅有理论学说的填鸭式教学，无法做到理论联系实际，学生对知识的掌握也往往会流于表面，没办法深入学习与思考，这也会导致无法培养出学生将理论灵活用于司法实践的必须具备的能力。绝大部分法学生毕业之后都会进入司法实务之中，提前对其进行实务方面的教学很有必要，理论必然需要结合司法实践，否则无异于无根之木、无源之水。

传统刑事法学教育在教学方法上采取老师讲授式方式，在教学过程注重正规化的理论教育方式，强调对于基础理论，搭建系统的法律框架，但与此同时也忽略了学术理论知识和实务教学的衔接，正如前文所述实务知识必不可少，实务能力对于法学生来说尤其重要，那么如何培养学生的实务能力，如何搭建起沟通贯穿理论知识和实务能力的桥梁与通道，就是现在亟待解决的问题。

三、课程思政引领下“2+3”教学模式构建

“2+3”模式中“2”是指两个机构的联合培养，即高校和实务部门的共同培养；“3”是指“课前+课中+课后”的串联学习，用以培养学生自主学习的能力。思想政治工作关系着培养什么人、怎样培养人、为谁培养人这一根本问题，把思想政治工作贯穿教育教学全过程是实现全员育人、全过程育人、全方位育人的根本之策，因此“2+3”教学模式一定需要思想政治教育的全面贯彻与指导。“2+3”模式中高校和实务部门的共同培养旨在解决学术理论知识和实务教学的衔接，培养学生的实务能力，做到全方位育人；“课前+课中+课后 ”的串联学习，提升教学模式发挥作用的效果和时长，做到全过程育人。这一教学模式具体实施方式如下：

（一）课程思政理念的全过程指导

法学课程与思政课程都涉及意识形态领域，我国的法学教育与思想政治教育二者共同的指导思想就是马克思主义和中国特色社会主义理论。因此，我国高校法学专业“课程思政”教学改革

比其他专业“课程思政”教学改革具有更大的可能性和便利性。[1] 体现在刑法学科上，就需要设立符合刑法学科特点的“课程思政”的教学模式及检验要求，欲要构建独特的刑法学课程思政教学，从教学理念、教学内容和教学方法均需加以更新。

1. 教学理念上需要坚持思政引领

思政教育是从全面推进依法治国的大背景出发，立足于法治建设的实践需求，培养既具有扎实的法学基础知识，又具有坚定的理想信念的新时代法学人才的根本之策。认识到思政教育的重要性，才能真正贯彻以人为本的理念，真正实现以美育人、以文化人，健全人格，锤炼意志，构建德智体美劳全面培养的教育体系，形成更高水平的人才培养体系。思政教育解决习近平总书记所强调的“法治和德治两手抓、两手都要硬”中“德”的问题。“课程思政”的实质是要将思想政治教育融入专业课教学中，充分挖掘专业课中的思想政治教育资源，对大学生进行思想政治教育。[2] 新时代的法学人才不仅需要身心健康，更需要具备法纪意识。法治人才更应成为遵纪守法的模范，全国政法教育队伍整顿，查获的违法违纪司法工作人员正是我们之前法学教育所应该反思的问题所在。思政教育到位了，培养出的法治人才才能够守住法纪的红线和道德的底线。由于我国法律制度多是借鉴于西方，属于舶来品，在知识传授过程中，难免会过度宣扬国外法律制度，不切实际地与我国的法治建设比较，造成学生对西方法治

---

〔1〕 时显群：《法学专业“课程思政”教学改革探索》，载《学校党建与思想教育》2020年第4期。

〔2〕 陈楚庭：《法学专业“课程思政”教学改革探析》，载《学校党建与思想教育》2020第16期。

文化的片面认识，势必会影响到学生思想政治素质的养成。[1]因此思政也要立足于中国实际，只有让学生了解中国实践问题，将来才能够解决中国的问题，这也是思政教育的方向之所在。在思政教育后形成学生对中国特色社会主义的坚定的法治信念，看到中国的制度优势。

2. 教学内容上需要重视教材及学习辅助材料

这一方面主要有利于对马工程教材的进一步深挖与配套资料的制作的选择。我国高校现在基本上都使用“马工程”教材，“马工程”教材以马克思主义和中国特色社会主义理论作为指导思想，这就为思政教育在刑法学科中的推行提供了天然的便利。除此之外，也要在教材之外选择好编辑好用以刑法学习的辅助资料，让思政教育的理念贯彻其中。

3. 加强刑法学课程思政的实施保障

从教学设施、教师培训和待遇等方面保障机制顺利运转等方面保障刑法课程思政的顺利推进。同时在教学评价上将“课程思政”纳入课堂教学评价标准，用以评判教师的教学效果以及学生的成绩，一方面有利于保障教师积极推进思政教育，另一方面，将思政教育纳入学生成绩的考核中，也更有利于学生对于思政的认真学习。

4. 完善刑法学课程思政的更新程序

思政教育和刑法学学科都在不断更新发展，因此刑法学课程思政教学模式本身也要根据时代的变化和要求不断更新，完善更新机制方能实现长久发展。

---

〔1〕 李哲：《思想政治教育与法学教育的融合问题研究》，载《知与行》2017 年第 4 期。

（二）高校和实务部门共同培养实务能力

传统刑事法学教育忽略了学术理论知识和实务教学的衔接，而如果仅有理论学说的填鸭式教学，无法理论联系实际，也往往会浮于表面，没办法深入学习与思考，理论必然需要结合司法实践，否则无异于无根之木、无源之水。通过构建高校与实务部门联合培养的机制，能够提高学生的实务能力和实践水平，同时能够将刑法学理论知识与司法实践结合起来，既加深对于知识的记忆与印象，又拓展学习的能力和知识水平。最终达到引导学生将理论知识与实践相结合，全面提高学生的自身素质、能力，培养新时代需要的应用型、复合型人才的目的。具体实施方式如下：

1. 刑事一体化理念下的实务教师讲座与沙龙

邀请实务经验丰富的法官、检察官或律师参与到新的刑法学教学模式之中，在学校或学院老师的主持下开展由这些实务教师主讲的讲座或沙龙，介绍实务经验，讲授实务中遇到的刑法适用上的疑难问题。这种方式兼具教育意义，实务作用与趣味性，更有利于培养学生兴趣，也更能使学生投入学习之中。具体而言，包括以下几个重点：

（1）实务材料的选择。实务教师讲座、沙龙的关键之处在于案例等实务资料的选择，这直接关系到一场讲座或者沙龙所起到的教育教学作用的大小以及学生吸收的效果。因此在选择的时候，需要注重案例所折射内容的前瞻性和典型性，主要关注本学科的最新发展动态、相关的新知识、新的研究成果、社会前沿问题等方面的实践案例。

（2）以案释法理念的坚持。既然举办这些讲座或者沙龙的目的在于提升学生的实务能力，那么在整个讲座或者沙龙的进行之中就一定要注重以案释法，重视从整个案例的讲授和演绎之中提炼刑法学理念知识，从实务案例之中发现刑法适用上的问题，而非反过来单纯讲授刑法学理论知识，这也与设立讲座及沙龙的初衷相悖。

（3）刑事一体化理念的指导。在讲座和沙龙的举办中，尤其要注重在整个实务案例的讲授之中贯通刑事实体法与刑事程序法，这也是符合刑事实务法律逻辑的，在实务之中这些知识本身也是混合的、杂糅的，切不可人为进行分割的，在这个过程中打通学生的知识体系，让他们所学习的刑事法律知识形成一个系统。与此同时，也可以适当引入一些可供学生了解与兴趣拓展的知识点，但不作为重点掌握的知识要求，比如法医学、证据法学、侦查学等知识，也可以达到培养学生兴趣的效果。

2. 在实务部门中建立实践参观点和培训基地

学院可以和法院、检察院以及律所合作，在这些实务部分设立实务参观点和培训基地。实务参观点可以让学生观摩法官、检察官以及律师如何处理日常的案件，办案的一些基本流程，从而更加了解实务，也为后面进入实务部门提前做出了解和学习。同时在观摩后让学生撰写学习心得，也有利于学生提升理论联系实际的能力培养。而培训基地设立后可以让一部分优秀的学生在课余或者周末的时间进入这些实务部门辅助实务人员进行实习，让学生亲历刑事案件的办案过程，在司法实践中利用刑法理论知识解决实务问题。此外，也可以聘任这些实务部分中实务经验丰富的人员参加前述的实务讲座或者沙龙传授实务知识，多层次培养学生。

（三）课前课中课后的全过程培养

1. 课前自主学习考核机制

在传统的刑法学教育中老师对基础知识的讲解占据了课堂的绝大部分时间，学生在课堂上只是单纯的接受学习知识都存在困难，更不要说融会贯通后发现问题，提升自己的学术水平和实务能力了。因此，课前充分的自主学习就显得格外重要。实际上，很多课程都在强调课前预习，但是学生们的落实情况并不好，其根本原因在于考核机制不过关。在缺乏一个有效考核机制的情况下，学生的课前自主学习就容易被蒙混过关，无法落到实处。

在全新教学模式之下，学生应该从课前准备开始。课前部分主要通过线上的授课进行。对于基础知识的讲解，教师以视频的形式上传到“爱课程”等线上平台，学生进行线上的学习，以此掌握基础知识。同时在线上发布需要阅读的文献、资料，这部分就应该贯彻有思政的内容，让学生在课前进行相应的阅读，之后在线上线下同时进行考核。在线上设置相应的检测习题和课前提问，学生需完成课前习题并且提出自己仍存在不解需要老师解答的问题，课前习题的完成情况和所提问题的质量纳入刑法成绩的考评标准。同时在习题中就可以设置相应的思政问题，考查学生的学习情况。线下的课程中授课老师随机抽人上台回答问题，以此考核学生的课前预习情况与思考情况。

2. 课中的讨论与讲授机制

要发挥学生作为学习主体的主观能动性，就要在教学过程中真正将学生当作教学活动的主体，即老师的讲授绝不是课程的中心，而是将学生的参与作为教学的中心。但是，必须要强调的是这并不意味着忽视老师的讲授与解惑作用，发挥学生的教学主体地位，是在老师积极引导下的高效的教学模式，对老师的教学提出了更高的要求，而绝不意味着老师可以由此变得轻松。

在全新的教学模式中，学生课上的讨论是整个课题的重点与中心，在课前分好小组后老师随机点一组就自己的预习情况做出汇报，其他同学在这组同学汇报完之后可以任意提问，小组同学又可以就其他同学的问题进行解释和讨论，最后由老师就课前学生所提的问题以及讨论后出现的比较集中的问题进行统一的解答，加强学习效果，同时加深学生的记忆。

3. 课后的总结与考核

在结束了每次课堂的学习之后，对于在课堂讨论中提出的问题以及老师最后的解答需要及时进行总结，撰写总结材料后予以提交，总结材料的写作情况每次进行评分后作为计入最终成绩考核的一部分。最终在这些问题之中选择自己感兴趣的进行后续的深入研究和相关文献阅读，并就这个问题撰写期末论文，期末论文的完成情况同样作为最终成绩的一部分进行综合评分。

以习近平法治思想育“德法兼修”之才

——基于习近平法治思想概论的教学实践探索*

◎徐　清　黄朝阳**

摘　要： 2021年9月，由中共中央宣传部、中国法学会组织编写的马克思主义理论研究和建设工程重点教材《习近平法治思想概论》出版发行。让习近平法治思想入脑入心、走深走实是目前法学教学理论和实践均面临的重点和难点问题。基于习近平法治思想教学研究的内部视角，对教学设计和教学效果进行经验观察和实证研究。教学实践探索发现，在“以我为主”的教学设计下，围绕“1+2+3+X”的教学主线，通过“翻转课堂”和“同行者助教”相结合的教学模式，取得了两个层次

* 本文系国家社科基金青年项目“新时代我国边疆社会治理法治化研究”，云南省千人计划青年人才专项的阶段性成果（项目编号：19CFX005）。

** 徐清，云南大学法学院副教授，法学博士；黄朝阳，习近平法治思想概论课程助教。

的教学成效。一阶智识层次从“学法”到“法学”的转变，二阶价值层次从“认知”达致“认同”。为探讨习近平法治思想如何助力培养德法兼备的法治人才提供理论路径和经验参考。

关键词：习近平法治思想　德法兼修　法学思维　教学实践

一、视角转换——从习近平法治思想教学研究的外部视角到内部视角

进入新时代，伴随着全面依法治国的深入推进和社会主要矛盾的发展变化，法治在国家治理中的关键性作用日益突出，对法治人才的培养也提出了更高的要求。2017 年习近平总书记在中国政法大学考察时指出，法学教育要坚持立德树人，不仅要提高学生的法学知识水平，而且要培养学生的思想道德素养。[1] 2018 年 8 月，在中央全面依法治国委员会第一次会议上，习近平总书记强调“要坚持立德树人，德法兼修，创新法治人才培养机制，努力培养造就一大批高素质法治人才及后备力量。”[2] 2018 年 9 月，教育部和中央政法委在此前的卓越法律人才培养计划基础上，出台了《关于坚持德法兼修实施卓越法治人才教育培养计划 2.0 的意见》，明确了“卓越法治人才”的培养目标。2020 年 11 月，在中央全面依法治国工作会议上明确提出了“习近平法治思想”，包括十一个坚持的科学内涵。2021 年 6 月，《中央宣传部、司法部关于开展法治宣传教育的第八个五年规划（2021—2025 年）》中明确要求：“把习近平法治思想融入学校教育，纳入高

---

〔1〕 参见《习近平在中国政法大学考察》，载中国共产党新闻网 http://jhsjk.people.cn/article/29252264.

〔2〕 习近平：《论坚持全面依法治国》，中央文献出版社 2020 年版，第 231 页。

校法治理论教学体系，做好进教材、进课堂、进头脑工作。”[1]可以预见，在习近平法治思想的指引下，中国的法学教育正在迎来新的转型升级，亦将面临一系列新的问题和挑战。为充分发挥习近平法治思想在法学教育中的引领作用，培养以德法兼修为核心目标的一流法治人才，亟待重视和思考如何在法学本科课程中讲好习近平法治思想，并加以实践总结和理论完善。

在这样的背景下，法学教育领域掀起了学习研究习近平法治思想的热潮。既有的研究主要包括以下几个方面：第一个方面，从法学理论的角度对习近平法治思想进行学理阐释和体系构建，形成了“三新”[2]“六论”[3]“三基本”[4]“概论”[5]等理论命题；第二个方面，从理论与实践关系的角度论证了习近平法治思想在法学教育中的重要意义和独特价值。具体包括如何在法学教育中落实习近平法治思想的实践要求；[6]其对完善中国特色法学学科体系的作用；[7]对提高学生法治素养的意义等。[8]上述成果为习近平法治思想的教学研究奠定了扎实的基础理论，做

---

〔1〕《中央宣传部、司法部关于开展法治宣传教育的第八个五年规划（2021—2025 年）》，载《人民日报》2021 年 6 月 16 日，第 1 版。

〔2〕张文显：《法治“三新”的学理解读》，载《光明日报》2018 年 11 月 29 日，第 15 版。

〔3〕《坚定不移走中国特色社会主义法治道路 为全面建设社会主义现代化国家提供有力法治保障》，载《人民日报》2020 年 11 月 18 日，第 1 版。

〔4〕张文显：《习近平法治思想的基本精神和核心要义》，载《东方法学》2021 年第 1 期。

〔5〕张文显：《如何讲好〈习近平法治思想概论〉》，载《中国大学教学》2021 年第 9 期。

〔6〕参见张文显：《习近平法治思想的实践逻辑、理论逻辑和历史逻辑》，载《中国社会科学》2021 年第 3 期。

〔7〕参见杨宗科：《习近平法治思想与法治学体系》，载《法律科学（西北政法大学学报）》2022 年第 2 期。

〔8〕陈瑾、陈后林：《落实“立德树人”根本任务中培育中学生法治素养的实践研究》，载《中国教育学刊》2020 年第 A2 期。

出了富有意义的路径探索，总体上呈现出“外部视角”的特点。即从习近平法治思想的重大意义和核心要义出发，关注法学教育中如何从理论到实践，从教材进课堂，从老师到学生更好地讲授和领悟。然而，这种“外部视角”有一个遗漏：它更多关注法学教学的顶层设计和规划，是一种“自上而下”的“俯瞰”视角，容易忽视“学生”“实践”“过程”这些对教学效果起到决定作用的维度。即站在学生的“内部视角”，观察学生在学习实践过程中究竟是否形成以及如何形成对习近平法治思想的认知体悟。基于此，从法学教育规划者的外部视角转向参与者的内部视角，对习近平法治思想在本科教育中的实践过程进行观察和分析，具有重要的理论价值和实践意义。

针对上述问题，本文从云南大学《习近平法治思想概论》的课堂实践出发，依托“教师——助教”的教学团队模式，从外部的教学传授者转向内部的参与观察者。对教学内容、教学方法和价值传递进行了为期一学期的观察和纪录。结合对学生的课堂问卷和深度访谈，探讨如何更好地让学生接受理解、学懂弄通习近平法治思想，让其思想价值在法学教育中落地生根、走深走实。在此基础上亦为探索习近平法治思想在法学教育中如何培育德才兼备和德法兼修的法治人才提供理论路径和实践参考。

二、教学设计转变——从“授之以鱼”到“以我为主”

2021 年，新修订的《法学类专业教学质量国家标准（2021 年版）》，明确了习近平法治思想的指导地位，将“习近平法治思想概论”纳入法学专业核心必修课，并于 2021 年秋季学期面向法学专业本科生开设《习近平法治思想概论》课程。[1] 法学专业核心课程采取“1+10+X”分类设置模式。“1”就是指作为指导的《习近平法治思想概论》课程。

作为一门全新开设的课程，也是开启本科生法学学习的第一步，这门课程的重要性不言而喻。怎样上好这门课，不仅是通过简单的“授之以鱼”来教授习近平法治思想的内容，更重要的是采取什么样的教学方法，将这门课程包含的精神内核走进人心。因此在最初的教学设计环节，教学团队首先明确了本课程在内容、方法、价值等各方面的教学目标和期望的实践效果。尤其是在教学准备中，通过对教学主线和教学模式的设计，形成了教师学前引导，学生“以我为主”，助教补充答疑的授课形式，如下图1所示。

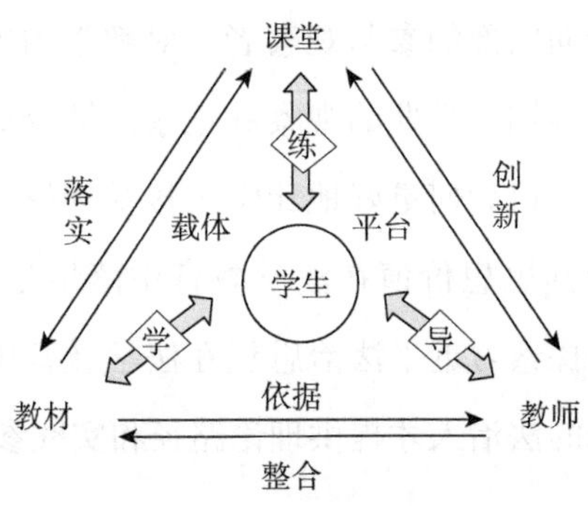

图1 “以我为主”的教学设计

“以我为主”就是秉持“以学生为主”的教学理念，将学生

---

〔1〕 参见《关于推进习近平法治思想纳入高校法治理论教学体系的通知》（教高厅函〔2021〕17号），载中华人民共和国教育部：http：//www.moe.gov.cn/srcsite/A08/s7056/202106/t20210602_535109.html，最后访问日期：2022年3月21日。

作为教学的中心，而课堂、教材和教师都是为了更好地帮助其学习领会，让习近平法治思想不仅进教材、进课堂，更要进头脑。具体而言，《习近平法治思想概论》这本教材作为课堂的载体、教学的依据，是教学的基础内容和讨论的主要框架。但鉴于教材内容丰富、体系完备，如何在有限的教学周期教好这本教材，授课教师需要进行一定程度的整合。通过对教材的谋篇布局，以求在最大化兼顾教材内容的同时，把重点内容讲好、讲透。除此之外，“以我为主”意味着传统课堂中的师生地位需要发生转变，教师着重引导讨论、传授思维方法，创新课堂形式；而学生在“入门”后以课堂为平台进行训练，学以致用，让习近平法治思想真正走进头脑。

故鉴于上述思考，在教材的使用上，教学团队提出了“1+2+3+X”的教学主线；在课堂形式上，创新采取“翻转课堂”的模式；在教师的引导作用上，组织“教学团队”，吸收“同行者助教”，注重与学生全过程的沟通。

（一）“1+2+3+X”的教学主线

对每门课程的学习规划而言，“第一课”总是关系到学生能否认知学习该门课程的必要性、能否触动对该门课程的学习兴趣、能否树立对该门课程的轮廓体系以及能否知晓学好该门课程的正确方法。因其思想内容的战略性、宏大性和总领性特点，习近平法治思想概论课程更需要从教学准备阶段便为学生设计具体可行的学习方法。为此，在与本课程相遇的“第一课”上，教学团队便明确提出了“1+2+3+X”的教学主线，作为贯穿教和学的共同线索。其中“1”指的是《习近平法治思想概论》这本核心教材。这是本门课程最重要的学习载体，也是学习的基石。学好这门课程首先需要将教材弄懂、吃透。本课程既以教材内容为基础，但在教学结构和教学方式上又有所创新。具体而言，在教材“绪论+三编分论”的框架下，因教学方式的不同，本课程的讲授设计主要分为两大部分展开：第一部分是导论。包括对教材中绪论、第一编和第三编内容的讲解。该部分是课程的认识论、价值论和方法论基础，故在教学方式上以讲师讲授为主。重点阐述习近平法治思想的时代背景、鲜明特色、理论体系、重大意义和科学方法。第二部分是分论，是课程的主体也是最重要的部分，即以习近平法治思想“十一个坚持”为内容的核心要义。该部分充分体现了习近平法治思想中理论逻辑、历史逻辑和实践逻辑的结合。为培养学生在对具体的理论学习和讨论中对三种逻辑的掌握和运用。故以翻转课堂的方式，通过学生分组讨论并做课堂报告作为主要的教学模式，如下表 1 所示。

表 1　依托教材的教学安排

<table>
<tr><td>教材体系</td><td>绪论</td><td>第一编
（重大意义）</td><td>第二编
（十一个坚持）</td><td>第三编
（科学方法）</td></tr>
<tr><td>教学安排</td><td colspan="2">总论</td><td>分论</td><td>总论</td></tr>
</table>

“2”指的是除《习近平法治思想概论》这本教材外，《乡土中国》和《法治及其本土资源》这两本重要的辅助读本。习近平法治思想生发于中国的法治实践，以“为什么要全面依法治国？怎样全面依法治国？”为贯彻始终的核心问题，具有很强的实践针对性。因此，理解习近平法治思想首先需要理解中国的国情、社情，在此基础上才能理解其与法治的互动关系。《乡土中国》

和《法治及其本土资源》作为本课程的辅助读本，对理解中国社会、中国特色、中国话语都有所助益。

“3”是指三个思维角度。习近平法治思想概论课程除了在思想层面上需要提供法治价值观的指引，也需要在法学思维方面提高学生的专业素养。为引导学生从刚迈入法学大门起就尝试自主探索、形成法学思维，本课程紧密结合习近平法治思想的三种理论逻辑特点，主要从三个角度对学生的法学思维进行锻炼。一是比较的视角。一方面，在时间比较的脉络中，掌握习近平法治思想的历史逻辑；另一方面，在空间比较的视野下，理解中国特色法治理论与共同法治精神之间的“和而不同”。二是经验地观察，通过“理论——经验——理论”之间的不断穿梭往返，掌握习近平法治思想的实践逻辑。三是辩证地思考，运用习近平法治思想的科学辩证方法，掌握习近平法治思想的理论逻辑。

除了思维角度的引导外，学好习近平法治思想还需要学生课后对课上未深入讲解的内容、自己感兴趣的内容进行自主学习。因此，“X”是指以 X 种不限种类、不限数量的参考文献作为补充。主要包括习近平总书记的原著、原文；权威学者对习近平法治思想的学理解读；相关新闻报道和热点案例等。这也进一步拓宽了课程学习内容的丰富性和学习方式的多元性。

（二）“翻转课堂”和“同行者助教”相结合的教学模式

在我国高等院校的法学教育中，大多数课堂仍然是以“老师讲授，学生接受”为主流模式。虽然也发展出类似小组展示、讨论课等形式，但都没有从根本上改变老师和学生在课堂中的地位。诚然，这种模式不能最大程度地发挥学生的能动性。但由于法学学科的专业性程度高，涵盖的内容复杂庞大，仅依靠学生的自主性很难取得高效显著的教学成果。因此不可否认，传统的教学模式在对专业知识的教授上具有不可替代的作用。与法学专业的其他部门法课程相比，习近平法治思想概论对授课形式的要求更高，因其不仅需要对法学专业知识的习得，更重要的是对法治价值观的引导和树立。培养“德法兼修”之才，其“法治素质”除了包括全面系统的法律知识，扎实的法律理论功底，丰富的法治理论知识，也包括坚定的法治信仰。[1] 这种信仰绝非通过灌输性的传统教学模式可以完成。“立德”需要润物无声的内化于心，外化于行。基于这样的课程特性和目标考量，教学团队以“翻转课堂”和“同行者助教”相结合作为主要的教学模式。

“翻转课堂”，顾名思义就是老师和学生地位的调换，角色的转变，老师从“主导”变为“引导”，学生从“被动接受”变为“主动建构”。[2] 在具体的课程安排上也各有侧重：课程的前期，由老师对总论中习近平法治思想的提出、重大意义和科学方法进行讲授，建立起学生对本课程体系和方法的基本认知；课程的分论主体部分，由学生对“十一个坚持”进行课前自主阅读、课堂汇报展示、课后补充学习组成。每一个专题结束后由老师对重点和难点问题进行补充、总结和巩固。最后，由老师和学生一起进行课程总结和反思，通过对全体学生的问卷调查和部分学生的深入访谈，对课程的效果进行综合评估。这种模式，不仅仅是将讲台交给学生，不单纯是让学生做汇报。“老师引导”的重要性不亚于“老师教授”，需要更加细致和全面地追踪学生在每一个专

---

〔1〕 参见杨宗科：《新时代法学教育新理念新思想新战略》，载《法学教育研究》2021年第1期。

〔2〕 参见周倩、石耀月：《赋权型高校思政课堂场域中师生权力审视》，载《法学教育研究》2021年第1期。

题结束后的变化，并加以及时调整。本文将在接下来的两个部分中通过实证观察和数据展现学生在每一个教学阶段的变化，以及该教学模式取得的成果和改进的空间。

“同行者助教”，这一模式来源于传统的助教形式，却又不同于一般的助教。除任课教师外，本课程的教学团队中还加入了两名法学理论专业的硕士研究生作为课程助教。他们除了在课后收集和初步解答学生的提问外，更重要的是作为习近平法治思想学习的“同行者”。一方面，他们经过了一定的法学学术训练，思考问题的角度和高度与本科新生有所不同，能够带动课堂讨论和活跃课堂气氛；另一方面，他们也是习近平法治思想的初学者，他们的反馈更能扎根于学生的内在视角。同行者助教作为学生和老师之间的纽带，他们既是参与者也是观察者。

上述教学设计是在结合法学本科教学的一般方法和习近平法治思想概论课程的特殊性基础上而成。本文将继续通过经验材料和实证数据检验这种教学方式的成效，为探索以习近平法治思想培育“德法兼修”的法治人才，提供经验路径。

三、教学的“一阶”智识成效——从“学法”到“法学”

通过一个学期对上述教学设计的实践和观察，本文借鉴法学上的“一阶观察与二阶观察”[1] 概念，从两个递进的层面对本课程的教学效果进行了总结。第一，位于“一阶”的知识和方法

---

〔1〕 一阶观察的原意是指初始区划的产生；二阶观察是指对一阶观察的观察（参见宾凯：《法律如何可能：通过“二阶观察”的系统建构——进入卢曼法律社会学的核心》，载《北大法律评论》2006 年第 0 期）。本文将习近平法治思想概论课程的教学效果类比为“一阶”和“二阶”，旨在更清晰地辨析第一层的教学成果与更深一层的教学成果之间的关系。

层面，让学生认识到法律科学的专业性和独立性；第二，位于“二阶”的价值和思想层面，深层次建立对习近平法治思想精神内核的理解和认同。从教学效果看，一阶的知识掌握和二阶的价值塑造是由浅入深、层层递进的，同时也是相互交错，相辅相成的。但是在法治人才的培养上，二者又各有侧重。通过对不同的具体问题的思考，可以学习不同的方法，但树立一种正确的价值观更可以夯实问题和方法的基石。

对“一阶”中知识和方法的教学，主要是以课堂为核心，集教材、教师、教授三方面，落实在课前、课中、课后的教学实践中。若以整个教学周期为时间轴，那么在这个轴上有几个关键步骤：培养对“法学”学科的科学认识是第一步；建立“问题导向”的学术意识是第二步；运用法学思维分析问题是第三步。

（一）从“大学之性质”着眼

作为一名法科生，首先要明确“法学是什么?”这一问题。这是最重要的基础性，也是前提性问题。但是在解答这个问题前，需要回答另一个更为原初性的问题——“大学是什么?”许多初入大学的法科生，总会说自己是“学法学的”。但实际上他们对法学专业的认识还停留在枯燥的法律条文，冗长的法律文书，复杂的部门法分支中。对于他们，若不首先明确“大学之性质”，不完成从“学法”到“法学”的认知转变，便无法学好一门“大学”的专业学科，更无法建立起法学学术思维和法治价值理念。

关于什么是“大学之性质”，从古至今皆有定义。古语云“大学之道，在明明德，在亲民，在止于至善。”[1] 近代教育家

---

〔1〕《礼记·大学》。

蔡元培先生认为："大学者，研究高深学问之者也。"〔1〕这两句话为我们揭示了大学的两个重要功能——"明德"和"研究"，简言之即"德"和"才"并重。将其结合到法学教育中，正是习近平总书记对培养卓越法治人才提出的要求——"立德树人，德法兼修"。这也是为什么在习近平法治思想的课堂上，我们不仅要习法，更要强调立德。因其不仅是法学教育的使命，也是大学教育的价值所在。

习近平法治思想作为法学生的核心必修课，为培育德才兼备、德法兼修的青年人提供了正确的方向和科学的思想。沿着这一正确的方向，着眼于大学的性质，立足"德"与"才"两个重心，才能讲好习近平法治思想，亦能在传授知识的过程中，潜移默化地为学生塑造正确的法治价值观。

（二）以探究"问题"为导向

从"学法"到"法学"的转变，是法学新生迈进法学之门的第一步，"法学是什么"是他们在学习中需要不断思考的问题。法学是"以法为研究对象的各种科学活动及其认识成果的总称。"〔2〕也是"研究法律、法律现象、法律问题的学问和理论知识体系，是一门关于社会共同生活的人文社会科学。"〔3〕此外，法学也是一门重视"问题"的学科：有学者将法学、医学、神学并举，认为他们都以治"病"为价值取向，但不同于医学治疗生理上的疾病，神学治疗精神上的信仰缺失，法学"治理"的则是

---

〔1〕 出自1917年蔡元培就任北京大学校长时的演说。

〔2〕 张文显：《法理学（第五版）》，高等教育出版社2018版，第5页。

〔3〕 吴汉东：《法学通论（第七版）》，北京大学出版社2018版，第1页。

社会问题。[1] 而欲解决一个社会问题，前提是需要学会发现一个问题。如果不能从一个正确的问题出发，便不可能得出正确的结论。因此对每一个法学生而言，在法学的学问探究中首先需要学习并掌握，是如何去发现一个“真问题”。

从科学研究的角度看，习近平法治思想便是发现了新时代中国法治理论和实践中的一个真问题，并深刻而系统地回答了这一问题——“为什么要全面依法治国？怎样全面依法治国？”因此在习近平法治思想的讲授中，除了具体内容的解读外，我们的任务更应以此为例，向学生展示如何去发现问题、如何去剖析问题的方法和路径。

基于上述思考，教学团队始终以“问题”作为每次课程讨论的起点：如在第一部分“总论”的教学中，尽管以教师讲授为主，但仍然以问题为中心，引导学生一起探究诸如“法治是什么？”“如何辨析法治和法制的关系？”“如何把握习近平法治思想形成的时代背景和重大意义？”“为什么说没有脱离政治的法治？”“为什么说改革和法治的关系如鸟之两翼、车之两轮？”“如何理解中国创造的两大奇迹与法治之间的关系？”“为何在国家治理中法治和德治需要相辅相成、相得益彰？”“如何正确理解法律和党内法规的区别和联系？”等这些对理解分论内容具有基础性和根本性的理论问题。让学生领会如何运用比较视角、经验观察、辩证思考等方法分析问题，在探究问题的过程中养成法学思维。在第二部分“分论”的讨论中，也同样要求学生“以问题为导向”，将习近平法治思想中的每一个坚持都当作一个理论问题来看待。

---

〔1〕 参见彭诚信：《法学问题的发现与研究路径之探索》，载《中国大学教育》2020年第7期。

通过前述总论中教师对如何分析理论问题的示范，在分组讨论和小组报告的实践里让学生学以致用，并即时检验学生的学习效果。

在整个教学过程中，方法和思维的培养是于课前准备、课堂讨论、课后答疑中共同推进的，但都是以对某一个“真问题”的学习为中心。在此基础上，“把每一个坚持都当作一个理论问题”是教学团队对每一堂讨论课提出的要求，也是达至教学目标的途径之一。在对每一个问题的探析中注重引导学生不断改进学习方法，学会抓重点、抓核心，逐渐形成问题意识、逻辑思维，从最开始的“是与非的概念口号”转变为“理解基础上的探索延伸”。

这种转变是潜移默化，但也是真实直观的。例如在第一个坚持“坚持党对全面依法治国的领导”中，对于“党大还是法大”这一问题的讨论。学生的思维还停留在条件反射式地思考，回答前并未有意识地去反思这是否为一个真问题。通过教师的即时总结和反馈，在第二个坚持“坚持以人民为中心”的讨论中，学生已经能够将“以人民为中心”放入历史的语境、本土的语境，如从孔孟的民本思想，到新中国的建立，再到新时代“以人民为中心”的理念发展中论述这一坚持的合理性和必要性。

（三）以“法律思维”“法理思维”和“法治思维”为路径

习近平总书记强调青年人要“系好人生的第一颗扣子”。习近平法治思想概论作为大一新生的入学“第一课”，其课程意义也在于帮助法学新生“系好法学的第一颗扣子”。这颗扣子不系松，需要用坚实的针线来固定；这颗扣子不系歪，需要用正确的针线走向来定位。而这条看不见的线，就是以法律思维、法理思维和法治思维为路径，培养学生正确的学习方法，进而形成法学思维。

法学不仅要研究法律，还要研究法理和法治，把法律、法理和法治这三个法学的基本概念阐释清楚。[1] 法律、法理和法治作为法学的基本概念，也是这门课程的核心概念，厘清这三个概念的目的是培养学生养成“法律思维”、“法理思维”和“法治思维”。法律思维的基本逻辑起点是“法律”，是基于法律的规范性思考；[2] 法治思维就是将法治的要求运用于认识、分析、处理问题的思维方式，其前提是“法治”。在党的十八大报告中首次提出了“法治思维”的概念，[3] 表明法治作为我国的治国方略日趋成熟，新时代的法治人才同样需要培养法治思维。“法理”指的是“法律之理”“法治之理”，亦即“法之理”，是法律的内在精神、法治的时代品质，是法律秩序的本原和本质所在。[4] 法理思维蕴含在法律思维与法治思维之中，是更深层次的道理、原理和机理，也是法学生对法的原则、精神和价值的认识。

从第一堂讨论课起，教学团队就有意识地锻炼学生们的“法学思维”，这同样也是学生感到迷茫困惑又亟待解惑的问题。课后助教团队便收到过许多有关“法理思维是什么?”“怎样才叫作运用法治思维?”等问题。而对这样的问题，仅仅通过概念解释是无法让学生们真正理解并能加以掌握的。因此，结合第五个坚持：“坚持在法治轨道上推进国家治理体系和国家治理能力现代

[1] 张文显:《法理学（第五版）》，高等教育出版社 2018 版，第 5 页。

[2] 范进学:《论中国特色法学思维体系的基本范式》，载《法学》2020 年第 1 期。

[3] 中共中央文献研究室编:《十八大以来重要文献选编》，中央文献出版社 2014 年版，第 21~22 页。

[4] 参见《走进法理新时代——专访“法理研究行动计划”的倡导者和推进者张文显教授》，载《中国法律评论》2019 年第 3 期。

化”这一专题，教学团队设计了一次有针对性和系统性的法学思维训练课。从习近平总书记的原创性理论命题“为什么说全面依法治国是国家治理的一场深刻革命”出发，由这一命题中的核心概念“法治”“治理”开始解答，不断追问命题由来的历史脉络，运用法理思维探寻其内在逻辑，最终实现法学思维的整合。具体而言，对这一命题的讨论主要包括了以下五个层层递进的过程。第一，将命题拆分为“全面依法治国”和“国家治理”这两个核心概念。第二，运用法律思维，对容易与其相混淆的两个概念进行辨析：包括“法治”和“法律”；“治理”和“管理”。第三，在概念明晰的基础上运用法理思维，将“全面依法治国——治理方式”“国家治理的革命——社会变迁”两者联系起来，探索二者的相关性在于“治理方式背后的社会环境”与“社会变迁时的治理方式”。第四，从历史回到当下，在法治思维的逻辑中追问“全面依法治国”这一治理方式背后的“革命性”，回答原命题；第五，通过对《理想国》的讨论，在柏拉图三次叙拉古之行与《法律篇》的讲述中，升华到“法治、人治、德治”这些更深层的问题上，实现法律思维、法理思维和法治思维的整合，如下图2所示。

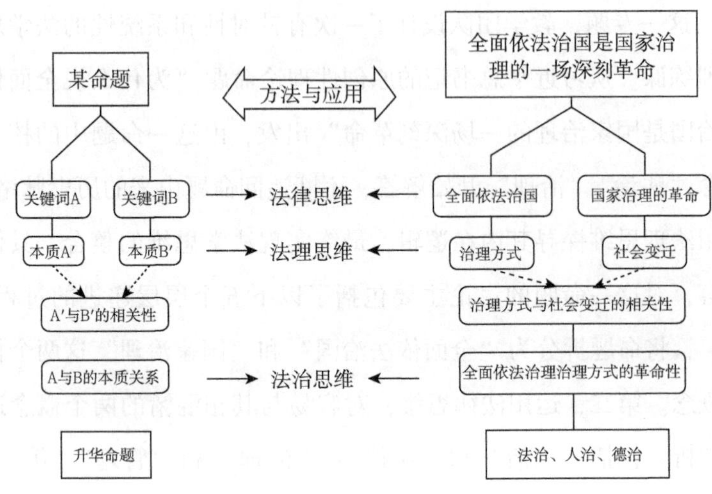

图2 法学思维训练课程设计

当然，形成法学思维不可能一蹴而就，也不是习近平法治思想概论这一门课程便可以完成，具体的分析方法也不尽相同，但教学团队希望通过对习近平法治思想的学习，以具体的学习内容为依托，加以引导和锻炼，使之成为激发学生学术思维兴趣的第一步。

四、教学的“二阶”价值成效——从“认知”到“认同”

“二阶”的教学效果集中在思想和价值层面，让学生从对书本知识的“认识”升华为思想价值的“认同”。在探讨培养“德才兼备、德法兼修”的法治人才时，多数研究倾向于强调“德”的重要性，这不仅因为立德是根本，更因为立德之不易。在法学生的德育上，除了“立德树人”，培养学生的思想道德素养；更需要“德法兼修”，将正确的法治价值观、人生观、世界观与法律专业人才的培养相结合，对他们进行法律观念、法治理念、法理精神的全面培育，最终学会“用正确的立场、观点、方法分析问题。”[1] 与传授知识和方法不同，“德”的形成和转变是潜移默化、微不可查的。但是学生在分析、回答问题时，是否坚持了正确的立场和价值；是否把握了历史和时代的发展方向；是否遵循了国家和社会的需要，[2] 这些问题都可以通过经验观察和实证数据进行调查和分析。

针对价值观层面的引导成效问题，基于对教学全过程的经验观察、课程结束后全样本的问卷调查以及不同教学阶段的深入访谈，教学团队也进行了细致的分析和总结。

（一）形成认知

《习近平法治思想概论》不是思政课，也不同于通识课，而是一门法学本科专业的核心理论课程。《习近平法治思想概论》之所以成为法学专业的核心课程，是因为这门课是每一个法学生的“必修课”，这是高等法学教育的必需，也是未来投身中国特色社会主义法治事业的必要。习近平法治思想蕴含的思想价值是启蒙法治人才认识中国法治的第一把钥匙，也是培养其成长成才必不可少的养分和阳光。而只有在认识的基础上，才能达至认同。在习近平法治思想的课堂上，认识的不仅仅是教材内容，更包含背后的法律观念、法治理念、法理精神。需要认识在中国特色社会主义的话语体系中，法治理论和实践展开应当是怎样、实际是怎样以及为何是这样。这是对《习近平法治思想概论》课程提出的更高的要求，也是检验是否上好这门课程的试金石。

---

〔1〕 参见《习近平在中国政法大学考察》，载中国共产党新闻网：http：//jhsjk.people.cn/article/29252264，最后访问日期：2022年3月21日。

〔2〕 参见《习近平在中国政法大学考察》，载中国共产党新闻网：http：//jhsjk.people.cn/article/29252264，最后访问日期：2022年3月21日。

在第一层次的教学过程中，通过具体的教学安排和问题引导，训练了学生分析问题的方法和思维；在第二层次的教学目标上，“认知”就是引导学生发现和感知每一个与法治相关的命题背后的逻辑，并且这是一种共性的逻辑。因为每一个问题都是从同一个立场出发，从中国实践出发。只有通过一系列有关联的命题和有意识地引导，才能水到渠成的形成共识，而非在照本宣科地灌输中被动接受。

在此目标下，教学团队以一学期18周，36次课为教学周期，设置了如下五个关键性的过程节点。第一个关键节点是总论中有关法治的基本理论的教学设计。总论是课程的起步，需要侧重于掌握具有基础性和根本性的理论问题。但对于大一的本科新生而言，理解这些理论还需要部门法的规范知识，以及对中国的法治实践概况有所认知。在缺失这些基础知识的铺垫下很难真正理解命题形成背后的意义和立场。因此在这一阶段的教学中，通过借助影视作品、文学作品、名人著作，从学生们已有的认识出发，再与法治理论加以连接，才能更好地理解诸如法治的起源、中西方法治的不同选择等问题。例如在讨论“为什么要学习习近平法治思想?”时，教学团队引入了深受青年学生喜爱的影视剧《觉醒年代》中李大钊与胡适的“问题与主义之争”。在历史故事中为学生辨析了具体问题和意识形态之间的科学关系。让学生从第一节课的学习开始便切忌“望文生义”。“思想”“主义”并不意味着大词、口号，也不是空洞的理论或空谈。思想和主义来源于现实问题，代表着大多数人的现实选择。因此对习近平法治思想的学习也应当去学会不断向下追溯其问题来源。

第二个关键节点是对第一个专题“坚持党对全面依法治国的

领导”教材内容的梳理。在小组讨论结束后，教师对教材内容进行了梳理和讲解。与课下学生的自主精读不同，教师解读的目的在于帮助学生“透过现象看本质”：发现每一章、每一节内容背后的学理本质是什么。例如教材第五章“坚持党对全面依法治国的领导”，这一表述的本质实则在于“全面依法治国的政治方向”。第一节“党的领导是我国社会主义法治之魂，是我国法治同西方资本主义国家法治最大的区别”这一命题的本质是在解答“为什么社会主义法治要坚持党的领导？”这一学理问题。第二节“加强和改善党对全面依法治国的领导”这一命题是在讨论“怎样坚持党对全面依法治国的领导？”这一体制机制问题。第三节“党的领导和社会主义法治是一致的”这一命题的本质是回答“党与法的关系”问题。正是通过对教材中每一个命题背后的学理探索，引导学生最终认识到“全面依法治国”的理论逻辑、实践逻辑和历史逻辑，在理解的基础上达致对中国特色社会主义法治的全面认识。

第三个关键节点是对“坚持依宪治国、依宪执政”讨论课的评议和后续的针对性训练。通过这一堂讨论课，教学团队发现学生已经有探索命题背后的逻辑和原理的自觉意识，但却容易就问题谈问题，陷入具体问题本身，未能再从对具体问题的讨论中进一步思考更深层次的理论问题。如讨论到“依宪治国和依宪执政的关系”时，学生仅能回答依宪治国和依宪执政各自的内涵和要素，但当问及二者之间的关系时，却并不能给予准确的解答。针对这一问题，在下一个专题“坚持在法治轨道上推进国家治理体系和治理能力现代化”中，教学团队设计了如上文所述的有针对性的法学思维训练课。

第四个关键节点是对“坚持全面推进科学立法、严格执法、公正司法、全面守法”讨论课的讲评和经验学习。之所以将这一堂课作为一个关键节点，原因在于至此专题开始，教学团队发现了在教学效果上实现了从量变到质变的飞跃性转变。如该小组在讨论“严格执法”问题时，运用实践逻辑从交警对佩戴头盔的执法现象出发，运用法律思维从法律规范中寻找相关法律依据，在执法法理中分析执法乱象出现的原因，最后结合各地有益的执法探索，从法治思维出发得出对“严格执法”的理解——“严格执法有力度更要有温度”。这一思考过程体现出从实践出发提出真问题，从静态的法律文本分析到动态的法治实践观察，这是对法学思维训练课的灵活运用，也是教学团队教学方式的成功实践。

最后一个关键节点是对“理解中国特色社会主义法治”的课程总结。这是由教学团队和全体学生共同完成的。首先由老师引导回到习近平法治思想的核心问题“为什么要全面依法治国?”“怎样全面依法治国?”这条主线上。通过讨论“为什么全面依法治国的重点任务需要对立法、执法、司法、守法有不同的要求?”“法治中国建设的战略布局为什么需要区分国家、政府和社会三个不同的领域?”这两个具体问题的再认识、再总结。引出从中国作为大国，即空间和法治的关系上理解中国法治为何“特色”，为什么中国特色社会主义法治道路是建设社会主义法治国家的唯一正确道路?这一终极问题。为“达至认同”的教学目标提供了共识支撑。

(二)达至认同

法治人才的道德培育需要在社会主义核心价值观的基础上，进行社会主义法治理念教育。一方面树立青年人正确的价值观，另一方面培养对社会主义法治的认同，且这种认同是内心拥护和真诚信仰。然而，若不能深刻理解全面依法治国的历史、实践和理论，就无法发自内心的认同当前所选择的中国特色社会主义法治道路和社会主义法治理念。在认识的基础上才能形成对事物的认同，只有在学好习近平法治思想的理论后，才能对其蕴含的法律观念、法治理念、法理精神产生认同。“认识”是“认同”的第一步，也是一个从量变到质变的过程。通过认识一个个具体问题，达至对思想和理念的认同，是本课程最高层次的教学目标和最终的教学目的，也是教学团队对每位法学生的期望。在教学过程中，认同并不是从无到有的，而是一个由浅入深的内化过程。

新时代的法学新生是思维活跃，受多元价值影响的青年人。通过学习经历、人生阅历、社会交往、互联网媒体等平台，他们接受了来自国内国外各领域的多元信息。在对这些信息进行筛选吸收后，他们对中国法治已经形成了一定的思考，形成了一定范围和一定程度的判断。这种固有的判断必然会受到其他价值观的冲击。在访谈中，有学生便说到曾在高中课堂上遇到因价值观不够坚定的过激言辞。在长期积累的朴素价值观的影响下，学生并不会全盘接受某种观点。故在课堂上，若仅是简单粗暴地向他们灌输法治理念和价值，反而会使他们反感，先入为主地认为其是“政治学习”从而产生逆反心理。基于内部视角，教学团队从学生自身的思维特点出发，注重在学生已有的认识上引导学生自己进行判断，特别是在阐释有关价值取向和根本立场的议题时，更需要从道理、学理、法理上使学生心悦诚服。

针对这一特点，在具体内容的编排中，教学团队除了实践性命题的讨论外，也大量选取了与之相关的价值性命题。这些重要的关于法治价值的问题包括：首先，对“没有脱离政治的法律”这一命题，教学团队就着重进行了讲解。通过上文所述教学开始之初的访谈反馈和课堂观察，教师发现学生在对政治与法治，“思政课”与“习近平法治思想概论课”这两对关系上存在着认识误区。这种误区也成了学生“达至认同”的障碍。然而，正如习近平总书记提到的“每一种法治形态背后都有一套政治理论，每一种法治模式中都有一种政治逻辑，每一条法治道路下都有一种政治立场。”〔1〕教学团队着重强调的是将政治作为客观的存在和科学研究的对象，将正确理解中国政治作为理解中国法治的前提，才能助益于学生形成明确的价值认同和思想认同。

以上讨论都旨在引导学生客观辩证地思考习近平法治思想，并以此为基石认识中国社会、理解中国实践，在理论与经验往返的过程中最终理解习近平法治思想的科学性和必要性。在此基础上，从心底形成对中国特色社会主义法治的认同。

五、结语

“法者，治之端也；君子者，治之原也。”〔2〕这充分表明了人才对法治建设的必要性。什么样的人才才是新时代全面依法治国需要的人才，习近平总书记为我们指明了道路——“立德树人，德法兼修”。习近平法治思想为培养德法兼修之才提供了科学思想，如何上好习近平法治思想课程是当下法学教育需要研究的首要问题。本文基于云南大学的教学实践，探索了一条从“习法”着手，着眼“立德”的教学路径。致力于探寻如何以习近平

---

〔1〕《习近平法治思想概论》编写组：《习近平法治思想概论》，高等教育出版社2021年版，第258~262页。

〔2〕《荀子·君道篇第十二》。

法治思想育“德法兼修”之才，在讲好习近平法治思想概论的基础上，真正做到让习近平法治思想入脑入心。

除了教学经验和效果的总结外，通过经验观察和问卷访谈，教学团队也发现了未来本课程教学的一些提高空间。主要集中在两个方面：一方面是对教材的使用。《习近平法治思想概论》教材内容丰富，体系完整，但是相对于一个教学周期，时间较为紧迫，且学生课前的预习也存在难理解、任务重的困难，如何有效的整合教材内容是教学团队值得思考的问题。另一方面是对教学设计的进一步完善。从反馈而言，目前这种教学设计得到了绝大多数同学的喜爱和支持，但是在一些细节上仍可以进一步改进。例如有学生提到“可以让助教也进行讨论和展示”“采用更多的现实案例”等问题。

习近平总书记在思想政治理论课教师座谈会上指出：“让思政课成为一门有温度的课。”〔1〕尽管习近平法治思想概论不是纯粹意义上的思政课，但并不意味着这是一门冷冰冰的理论课。伟大的思想来源于伟大的实践，中国蓬勃发展的法治实践赋予了习近平法治思想概论以实践的温度，也必将能引导法治人才德法兼修、立志成才！

---

〔1〕　参见《让思政课成为一门有温度的课——重温习近平总书记关于思政课建设的重要论述》，载人民网：http：//edu.people.com.cn/n1/2022/0318/c1006－32378094.html，最后访问日期：2022年3月21日。

论《监狱法》《社区矫正法》的法律性质

——兼议编纂《中华人民共和国刑事执行法典》的必要性

◎王顺安　张天翔*

摘　要：监狱法和社区矫正法作为刑事执行法的重要组成部分，具有相同又不同的法律性质，但都是具有行政属性的刑事执行法。要完善现有的刑事执行法律体系，则必然要制定专门的《刑事执行法典》，通过总则加分则的立法模式，以明确刑事执行法的程序性性质、佐证刑事程序的合宪性，并促进刑事一体化建设，以进一步地促进刑事执行的法治化，为刑事法治的建设贡献力量。

关键词：监狱法　社区矫正法　行刑一体化　刑事执行法

* 王顺安，中国政法大学刑事司法学院教授；张天翔，中央民族大学法学院研究生。

引 言

2011 年 11 月召开的中央全面依法治国工作会议正式提出习近平法治思想，标志着我国法治建设有了科学的指导思想和系统的行动指南。习近平法治思想的核心之一就是要建立中国特色的社会主义法律体系并为此建构相关学科及其法治人才。现代刑事法律体系是由刑事实体法（即刑法）、刑事程序法即刑事诉讼法和刑事执行法（即监狱法社区矫正及其他行刑矫正法）所构成。1979 年，全国人民代表大会通过并颁布了刑法和刑事诉讼法，但始终没有刑事执行法。长时期以来，人们常以 1954 年政务院制定的《中华人民共和国劳动改造条例》和 1994 年全国人大常委会通过并颁布的《中华人民共和国监狱法》作为刑事执行对待，相应地设立劳改法和监狱法专业学科，大专院校尤其是司法警校培养的都是劳改干警和监狱人民警察，极不适用刑法和刑事诉讼法规定的非监禁刑罚死刑和管制刑、非监禁替刑措施缓刑制度、刑罚变更执行暂予监外和假释以及其他生效刑事判决裁定决定如非刑罚方法、无罪释放、冤狱赔偿、赦免等刑事执行制度的建构与执行。

刑罚的目的并不在于对犯罪人进行惩罚本身，而应当在于“阻止罪犯再重新侵害公民，并规诫其他人不要重蹈覆辙”。[1] 现代刑罚本身是报应论与预防论的结合，并在启蒙运动之后的漫长历史过程之中形成了主刑——附加刑的基本结构，并且在死刑、自由刑、财产刑在内的传统刑罚之外演化出了包括社区矫正

〔1〕［意］切萨雷·贝卡里亚，《论犯罪与刑罚》，黄风译，北京大学出版社 2016 年版，第 29 页。

在内的“恢复性”刑事执行措施。随着2019年《社区矫正法》正式颁布，我国的社区矫正乃至整个短期自由刑的执行体系在法治化的道路上逐步迈进，而这对我国整体的刑事法治具有十分重要的意义，尤其是在行政犯数量日益增加而其相应的处罚措施却并不完备的大背景之下。[1] 因此有必要对从立法到刑罚执行的全过程进行规范分析，以探明现有立法措施的性质与取向，弥补刑罚制度及其执行的不足，并在现有规范的基础之上探求《刑事执行法典》的实现路径，以促进当下的刑事执行体系的进步与完善，从而为整体的刑事法治做出一定的贡献，更期盼为创建科学的刑事执行法学学科体系及人才培养模式提供科学的理论基础和前提依据。

一、现行刑事执行制度的基本架构

刑事执行应当是一个包括立法、审判、执行在内的完整体系，刑事执行法治非借由某一或者某两个环节就可实现，而是这三个环扣紧密结合的结果，[2] 也是实现法益保护与人权保障的双重目的的必由之路。[3] 一般认为，刑事执行包括广义的刑事执行与狭义的刑事执行，刑事执行不等于刑罚执行，刑事执行大于刑罚执行。广义的刑事执行包括在整个刑事诉讼过程中所有的生效刑事判决、裁定及决定的执行。狭义的刑事执行仅指刑事诉讼程序中，涉及已决罪犯相关的各种生效法律文书的执行，以及在罪犯交付执行后的监督考察、教育矫正和适应性帮困扶助等活动，在本文的论述体系之中，刑事执行指的是广义的刑事执行而

〔1〕 李晓明：《行政刑法新论（第二版）》，法律出版社2019年版，第133页。
〔2〕 张明楷：《刑法学·上（第五版）》，法律出版社2016年版，第509页。
〔3〕 王顺安：《宽严相济的刑事政策之我见》，载《法学杂志》2007年第1期。

非狭义的刑事执行。[1]

（一）刑事执行的主体

在从审判到刑罚的执行的全过程之中，包括公安机关、检察机关、人民法院以及监狱在内的专门司法机关在内的多种不同的机关参与了刑事执行，其中监狱在内的专门司法机关负责刑罚的执行，这一点并无过多的讨论之处。在刑罚的执行之外的其他刑事执行的实现方面，当前的立法选择了司法行政部门主导，其他司法机关配合执行的刑事执行体制。以社区矫正为例，《社区矫正法》第八条规定，社区矫正工作由国务院司法行政部门以及各地方司法行政部门主管，并交由其他司法机关具体执行；[2] 同时针对社区矫正存在的法律监督问题以及各部门之间的协调指挥问题，《社区矫正法》也规定了检察机关的法律监督机制以及各地方政府部门的社区矫正委员会机制；针对地方社区矫正工作具体展开的需要，《社区矫正法》还规定了县级以上人民政府可以“根据需要设置社区矫正机构”。[3] 在《社区矫正法》颁布之前，就有学者认为应当由检察机关主管社区矫正在内的刑事执行工作[4]，并得到了学界一定数量的学者的支持，但笔者认为检察机关主管刑事执行工作多有不妥，并认为应当由司法行政部门或者专门设置的刑事执行机关主管工作，具体内容将会在本文第四章展开。

---

〔1〕 王顺安：《从刑罚执行到刑事执行——谈对社区矫正性质的认识》，载《河南司法警官职业学院学报》2020 年第 2 期。

〔2〕 参见《社区矫正法》第 8 条。

〔3〕 参见《社区矫正法》第 10 条。

〔4〕 参见杨兴培：《刑事执行制度一体化的构想》，载《华东政法学院学报》2003 年第 4 期。

（二）刑事执行的规范体系

我国目前尚未制订专门的刑事执行法典，有关于刑事执行的规范条款散见于各个位阶的规范性文件之中。包括法律、司法解释以及部门均有分布。这些规范性文件之中，法律起到了绝对的核心作用，尤其是在量刑、刑事执行程序以及恢复性措施在内的方面，法律的规定起到了核心的作用；同时在《刑法》《刑事诉讼法》等的法律之外，我国还制定了《监狱法》《社区矫正法》等特别法，对监狱管理、社区矫正以及其他刑事执行的领域进行了规定。除法律之外，司法解释也是现有的刑事执行规范体系的重要组成部分[1]。一般认为，司法解释对案件的审理以及刑事执行的全过程都有重要的指导作用。针对刑事执行这一命题，最高人民法院以及最高人民检察院（以下称“两高”）陆续颁布了《最高人民检察院关于全面加强和规范刑事执行检察工作的决定》《人民检察院刑事执行检察部门预防和纠正超期羁押和久押不决案件工作规定（试行）》《最高人民检察院关于执行〈监狱法〉有关问题的通知》在内的司法解释。同时，近年来我国相继制订了包括《中华人民共和国社区矫正法实施办法》在内的一批有关于刑事执行的部门规章，对法律在实务之中的具体应用进行补充规定。但十分明显的是，由于缺乏专门的刑事执行法，我国现有的刑事执行体系仍然不具备体系性，内容相对分散，不利于基层执法人员的法律适用。[2]

（三）刑事执行的法律监督机制

依据现有的刑事执行规范体系，对刑事执行进行全过程的法

---

〔1〕 张明楷：《简评近年来的刑事司法解释》，载《清华法学》2014年第1期。

〔2〕 王顺安等：《建议依宪编纂创制〈中华人民共和国刑事执行法典〉—“宪法与刑事执行法治建设”线上会议发言摘录》，载《宜宾学院学报》2021年第4期。

律监督主要由检察机关执行。检察机关不仅要对刑罚的执行进行全过程的监督，也要对其他的刑事执行措施以及恢复性措施的执行进行监督，[1] 同时作为国家审判机关，人民法院也能对刑事执行进行监督，并且近年来有学者认为，刑事执行权有一定的行政权的性质，可以通过行政诉讼进行救济。[2] 这一观点虽未形成主流观点，但笔者仍认为其有一定的理论与实践意义，针对刑事执行权的双重权力属性以及行政诉讼在刑事执行的监督之运用，笔者将在本文的第三、四章进行具体的论述。除检察机关以及审判机关的监督之外，纪检检察机关也可以对刑事执行过程之中的职务违纪违法行为进行监督，并与检察机关与审判机关的监督相衔接。

二、法秩序统一性视野下的监、社两法之性质

法秩序的统一性是指“在由宪法、刑法、行政法、民法等多个法域所构成的整体法秩序中不存在矛盾，法域之间也不应做出相互矛盾、冲突的解释”。[3] 虽说在学界之前的研究之中法秩序的统一性是否存在的命题主要涉及的还是违法性的判断，[4] 似乎与刑事执行法关系不大。但这样的观点忽视了在刑事法律体系之中刑事执行法的基本法的作用，以及执行这一命题在行刑衔接以及民刑衔接的跨学科研究之中的重要性。从这一角度来看，刑

---

〔1〕 向泽选：《刑罚执行监督机制论》，载《法学杂志》2008 年第 2 期。

〔2〕 曾文远：《行政诉讼对刑事执行进行监督的法理》，载《财经法学》2020 年第 5 期。

〔3〕 [日] 松宫孝明：“法秩序の統一性と違法阻却”，《立命館法学》第 238 号。转引自王昭武：《法秩序统一性视野下违法判断的相对性》，载《中外法学》2015 年第 1 期。

〔4〕 参见陈少青：《法秩序的统一性与违法判断的相对性》，载《法学家》2016 年第 3 期。

事执行法作为以宪法为核心的统一的法秩序的重要组成部分，其也应当与其他部门法之间存在有效、良好的衔接机制。因此在传统的对于监、社两法的法律属性判断的基础之上，通过对于其行政属性的分析，丰富现有的刑事执行理论，并为未来刑事执行法的编纂以及执法实务之中刑事执行的法律救济做出现实的贡献。

（一）监、社两法是刑事执行法

刑事执行法是指规定在刑事诉讼过程中所有的生效刑事判决、裁定及决定的执行的法律部门，也是与刑事实体法、刑事诉讼法并列的三大刑事基本法之一。但刑事执行并不仅仅为刑罚执行，依据学界对于刑事执行的基本分类（最广义、广义、狭义、最狭义），〔1〕除刑罚的执行之外，刑事执行还包括其他非监禁的刑事执行措施或者司法恢复性措施。从这一角度分析，《监狱法》是有刑罚执行的性质的法，而《社区矫正法》是非刑罚执行的，有关于刑事执行的法。

1.《监狱法》是有刑罚执行的性质的法

执行刑罚（行刑）毫无疑问的是现代监狱最主要的职能，但不能认为监狱的职能完全是行刑，更不能认为《监狱法》是完全的有关于刑罚惩罚的法。〔2〕《监狱法》第一条规定了“为了正确执行刑罚，惩罚与改造罪犯，预防和减少犯罪”的《监狱法》的目的，〔3〕也是对于《监狱法》的刑罚执行性质的确认。刑罚执行的性质一方面意味着监狱的主要工作还是执行各种刑事生效判

〔1〕 王顺安：《论中国特色的社区矫正概念与性质》，载《宜宾学院学报》2021年第1期。

〔2〕 有学者认为应当明确《监狱法》以刑罚的惩罚为核心的性质，见翟中东、孙霞：《关于〈监狱法〉修改的主要条款建议》，载《司法警官职业教育研究》2021年第1期。

〔3〕 参见《监狱法》第一条。

决所做出的刑罚通过刑罚来惩罚和改造犯罪，以实现其适应社会的要求；[1] 另一方面也通过其他非刑罚的刑事执行措施来实现改造罪犯，消除其身上的人身危险性。例如《监狱法》在其第五、第六章之中规定了对于罪犯和未成年人的教育改造，例如规定对监狱内服刑的罪犯进行思想教育、进行文化和扫盲教育并鼓励犯罪人自学。同时，《监狱法》规定了能够进行劳动的犯罪人必须参加劳动，而监狱内服刑人的劳动其基本依据来自《监狱法》而非《刑法》或是《刑事诉讼法》，而包括有期徒刑、无期徒刑在内的自由刑其刑罚内容也只是规定在一段时间内或是永久的监禁犯罪人，剥夺其自由而非强制其在监狱内劳动。因此本质上将，监狱内的劳动是监狱依据《监狱法》进行的自由裁量，本质上是由司法行政机关进行的监禁性的刑事执行措施，而非刑罚措施，若认为其是刑罚则毫无疑问的违反了罪刑法定原则与法律保留原则。因此，《监狱法》作为刑事执行法的一种，是具有刑罚执行的性质的法，刑罚的执行是《监狱法》的主要任务，而非其全部任务。

2.《社区矫正法》具有非刑罚性质的刑事执行法

社区矫正这一刑事执行措施“萌芽于18世纪后半叶英国关于反对监狱非人道化刑罚的监狱改革理论及实践，诞生在19世纪中的美国的具有保护观察性质的缓判决和英国的累进处遇制度的假释，成熟于20世纪70年代英国实行的社区服务刑”。[2] 两大法系之中的社区矫正有着较大的区别：在英国法之中，社区矫

---

〔1〕［德］弗兰茨·冯·李斯特，《李斯特：德国刑法学教科书》，徐久生译，北京大学出版社2021年版，第324页。

〔2〕王顺安：《论中国特色的社区矫正概念与性质》，载《宜宾学院学报》2021年第1期。

正属于社区刑罚，是刑罚的一种，由法院以社区矫正令的形式做出，并以《刑事司法法》中规定的社区服务刑以及其执行为代表；在大陆法系之中，由于缓刑、假释与其考验要求并不呈现必然的附带规定，[1] 且主要刑种之中并未规定社会服务刑，社区矫正更加类似于针对服刑人的改造教育的辅助刑事执行措施，例如日本的保护观察和更生保护制度。[2]

我国的社区矫正制度与两大法系的社区矫正制度之间都有所不同，但是在本质上讲并非英美法系之中的社区刑罚，即社区矫正并非刑罚执行而是刑事执行。其根本原因在于，社区矫正的四种对象的法律性质存在根本的不同，倘若简单的将其定义为刑罚的执行乃至于将其升格为所谓的“社区刑罚”，不仅仅会破坏现有的刑罚体系，还会违法基本的罪刑法定原则，造成合法性的瑕疵。《社区矫正法》规定的社区矫正对象包括适用管制、宣告缓刑、假释和暂予监外执行在内的四种情况的犯罪人，[3] 以宣告缓刑的社区矫正对象为例：缓刑是短期的有期徒刑的（三年以下以及拘役）的替代措施，但是其性质上不属于刑罚的执行而是刑事执行，在缓刑的逻辑框架之下，原判刑罚才是犯罪人应当判处的刑罚，只要犯罪人在缓刑考验期内没有犯新罪或是漏罪、违法缓刑的规定，到缓刑的考验期届满，则“原判的刑罚就不再执行”，[4] 在这一过程之中，缓刑本身只是让犯罪人改过自新、并减少监狱的管理压力的替代性措施，且缓刑期间对于犯罪人的行

---

〔1〕［德］约翰内斯·韦塞尔斯，《德国刑法总论》，李昌珂译，法律出版社2016年版，第117页。

〔2〕王顺安：《论中国特色的社区矫正概念与性质》，载《宜宾学院学报》2021年第1期。

〔3〕见《社区矫正法》第一条。

〔4〕见《刑法》第76条。

为要求毫无疑问的高于在监狱见监期间的行为要求，但缓刑本身也是为了实现改造犯罪人，消除其人身危险性并帮助其重返社会的措施，因此认为其是刑事执行措施更加合理。倘若认为其是刑罚的执行，则犯罪人将会因为同一违法行为在原判刑罚之外又增加另一刑罚，这毫无疑问地违反了“一事不再罚”的基本原则；〔1〕同时由于缓刑的执行机关是司法行政机关或是公安机关，而缓刑期届满是否不执行原判刑罚事实上也由以上机关裁量，认为其是刑罚的情况下毫无疑问的司法行政机关越俎代庖审判机关执行了刑事审判权，违反了罪刑法定原则。作为执行缓刑的刑事执行制度，当然也不能认为社区矫正是刑罚的执行。

3. 监、社两法是相互配合、密切衔接的法

在《刑事执行法典》缺位的情况下，作为刑事执行专门法之中法律位阶最高的两部规范性文件，《监狱法》与《社区矫正法》在规范上是密切衔接的，在功能上是相互配合的，共同构成了现有刑事执行规范体系的重要组成部分。一方面，从适用对象上来看，社区矫正的适用对象有管制、缓刑、假释以及暂予监外执行在内的四种犯罪人；而在监狱内进行刑事执行的犯罪人包括死刑、无期徒刑、三个月以上有期徒刑的犯罪人，两种刑事执行在对象上实现了在现有的刑罚体系基础上的周延性，基本上包含了监禁与非监禁性的刑事执行。同时在矫正目的上，二者都是为了“预防与减少犯罪，但社区矫正强调提高教育矫正质量，促进社区矫正对象顺利融入社会，有针对性地消除社区矫正对象可能重新犯罪的因素，帮助其成为守法公民；监狱矫正则是将罪犯改造

〔1〕 王顺安：《从刑罚执行到刑事执行——谈对社区矫正性质的认识》，载《河南司法警官职业学院学报》2020年第2期。

成为守法公民”。[1] 同时在矫正的特征上，社区矫正工作坚持监督管理与教育帮扶相结合，专门机关与社会力量相结合，采取分类管理、个别化矫正；监狱矫正工作是对罪犯实行惩罚和改造相结合、教育和劳动相结合的原则，通过刑罚的执行与劳动改造犯罪人，从而实现消除其身上的人身危险性，促进其改造为守法公民。

（二）监、社两法是兼具行政属性的法

从传统的观点来看，若以法律部门的角度进行分析，《监狱法》《社区矫正法》在内的刑事执行法是刑事法，是广义的刑事法律体系的一部分。但这样的观点忽视了刑事执行本身的行政性，尤其是其行为的裁量性、行政的目的性以及其行为的整体性，[2] 这三者一般认为是现代行政法的核心。而刑事执行的行政属性，也为日后在法秩序的统一性之下探讨行政不法与刑事不法的合理衔接提供了重要基础。同时行政执行与刑事执行的衔接，尤其是规定于行政处罚之中的短期自由刑的执行的衔接是两法衔接或是说广义的行政刑法的重要的组成部分。[3] 笔者认为，刑事执行的行政裁量性是其本质特征的一部分，也是广义上的刑事执行法的重要组成部分。

1. 社区矫正与监狱矫正都具有行政裁量性

作为当代行政法研究的核心对象，行政行为的重要组成就是行政裁量。行政裁量是指行政主体依据具体的法律要件，在其是否采取行政行为或是采取何种行为方面具备选择余地的行为即为

---

〔1〕 王顺安：《从刑罚执行到刑事执行——谈对社区矫正性质的认识》，载《河南司法警官职业学院学报》2020年第2期。

〔2〕［日］南博方：《行政法》，杨建顺译，商务印书馆2019年版，第21页。

〔3〕 李晓明，《行政刑法新论（第二版）》，法律出版社2019年版，第49页。

行政裁量，[1] 而行政主体被赋予的执行行政裁量的权力即为行政裁量权权。[2] 刑事执行本身具有明显的裁量性，这在监狱矫正与社区矫正之中体现的十分明显，以监狱矫正为例：监狱矫正的主要内容是执行刑罚所规定的对犯罪人的违法评价，实现对犯罪人的权利的具体的剥夺。在这一监禁过程之中，一方面，监狱要对监狱犯罪人进行管理，对违法监狱的管理秩序的行为进行裁量，对违反监狱秩序而并未构成犯罪的犯罪人进行处罚，将在监狱之中再犯新罪或者在羁押期间发现有漏罪的犯罪人移交有关司法机关审判。这一过程之中，监狱对违法监狱管理规章但未构成犯罪的犯罪人进行处罚毫无疑问的是行政裁量。若认为此为刑事裁量，则事实上监狱在并未经审判的情况之下又对犯罪人进行了审判，则是对罪刑法定原则的侵犯；同样的，监狱对监狱之中关押的犯人是否参与集体劳动的决定也是毫无疑问的行政裁量，《监狱法》所规定的参与集体劳动的条件仅为“能够进行劳动的必须参加劳动”，而判断犯罪人是否能够劳动无疑来自监狱的自由裁量。

与监狱矫正相比，社区矫正更具备明显的行政裁量性：从矫正的内容上看，社区矫正是通过法治教育、思想教育以及劳动技能教育的方式来减少犯罪人身上的人身危险性，降低其回归社会之后对于所居住的社区造成危险的可能性。对不同的矫正对象适用不同矫正方法，需要社区矫正机关在依据法律的情况下结合不同犯罪人的不同特征进行决定。一方面，《社区矫正法》第 24 条规定：“社区矫正机构应当根据裁判内容和社区矫正对象的性别、

---

〔1〕［日］南博方：《行政法》，杨建顺译，商务印书馆 2019 年版，第 45 页。
〔2〕［日］盐野宏：《行政法》，杨建顺译，法律出版社 1999 年版，第 104 页。

年龄、心理特点、健康状况、犯罪原因、犯罪类型、犯罪情节、悔罪表现等情况，制定有针对性的矫正方案，实现分类管理、个别化矫正。矫正方案应当根据社区矫正对象的表现等情况相应调整。”。[1] 另一方面，对违反矫正法的矫正对象，社区矫正机关要进行及时的处理，例如《社区矫正法》规定了社区矫正机关在特定条件下，可使用电子定位装置，加强对犯罪人的监督管理；《社区矫正法》第31条则规定了社区矫正机关的处置权："社区矫正机构发现社区矫正对象正在实施违反监督管理规定的行为或者违反人民法院禁止令等违法行为的，应当立即制止；制止无效的，应当立即通知公安机关到场处置"。[2] 而以上的行为无一不是“依据具体的法律要件，在其是否采取行政行为或是采取何种行为方面具备选择余地的行为”，因此其裁量性是很明显的。

2. 监、社两法是有行政目的的法

一般认为行政的目的是实现全体公民的福祉、维护全体公民的基本人权以及维持国家政权与政府体系的存续与正常运转，为实现前两个目的的行政一般认为是整序行政与给付行政，实现之后的目的的是秩序行政。[3] 监狱矫正与社区矫正的目的都是保护法益打击犯罪，同时也促进犯罪人的改造与回归社会，并保证在刑事执行期间犯罪人的基本人权不受侵犯。一方面，这一过程是促进法治社会的建设，减少犯罪并保护全体公民法益的结果；另一方面，维护现有的社会秩序，维护国家政权的存续与稳定，保障社会主义建设的结果。无论是监狱矫正还是社区矫正，都是在按照这样的目的在运行具体的程序。同时，强调矫正而非单纯

---

[1] 见《社区矫正法》第24条。

[2] 见《社区矫正法》第31条。

[3] [日] 南博方：《行政法》，杨建顺译，商务印书馆2019年版，第31页。

的处罚，也是从社会的整体利益出发，促进报应与预防的有机结合。[1]

3. 监、社两法是有实现的整体性的法

一般认为，行政行为之所以区别于司法行为，在于其具备司法不具备的整体性与统一性，即行政会为了其目的的实现而要求其附属机关及其行为保持整体上的统一性。但整体上的统一性不代表其行为的裁量不具备个别性，这在刑事执行这种特殊的行政行为之上具有更加明显的特征：例如《社区矫正法》严格规定了何种的矫正对象可以适用社区矫正，以及矫正对象应当在矫正期间应当遵循的矫正规则与义务，同时也规定了矫正机关的权限与法律责任，这要求在整体上矫正机关要对其所辖下的矫正对象进行统一监管并在法律的适用之上展现出公平性；但《社区矫正法》也规定了个别矫正的矫正原则，即“应当根据裁判内容和社区矫正对象的性别、年龄、心理特点、健康状况、犯罪原因、犯罪类型、犯罪情节、悔罪表现等情况，制定有针对性的矫正方案，实现分类管理、个别化矫正。矫正方案应当根据社区矫正对象的表现等情况相应调整”。监狱矫正与社区矫正是整体上的统一性与裁量上的个别性的结合，而其体现的裁量性、公共目的性与整体上的统一性的结合，这是其代表的刑事执行法的行政法属性的明晰特征，对于分析整体上的刑事执行法的法律属性也有所帮助。

（三）监、社两法是程序法

一般认为，规定对法律规范的针对对象的权利义务进行处分

---

〔1〕 刘艳红，《刑法学总论》，北京大学出版社 2004 年版，第 371 页。

或是其相互之间的权利义务关系的法是实体法；而规定实现这些权利义务关系的过程的法是程序法。与《刑法》不同，作为刑事执行法的监、社两法不是也不能是实体法，否则就会违反基本的罪刑法定与一事不再罚的原则。由于《监狱法》与《社区矫正法》都是刑事执行法的一部分，未来也会受到《刑事执行法典》的统摄，因此关于其是程序法的内容笔者将会在本文第四章加以论述。

三、刑事执行体系的破局：刑事执行法典的编纂

关于编纂统一的《刑事执行法典》的观点自21世纪初开始就陆续出现，并逐渐成为学界对刑事执行法律体系的主流认识。刑事执行法是“全面调整刑事执行机关及其工作者与刑事被执行人之间刑事制裁（刑罚、非刑罚方法和替刑措施、预防性保安保护处分）执行与监管矫正关系的法律规范的总称”。[1] 制定专门的《刑事执行法典》并非我国理论界的独创，在域外主要国家也有立法的先例可循。德国现行《刑事执行法典》为《自由刑和剥夺自由的改善和保安处分执行法》，包括配套的《刑事执行法实施细则》以及《刑事执行职责与保安规定》；[2] 俄罗斯现行的刑事执行法典是《俄罗斯联邦刑事执行法典》，被认为是当前世界上内容最系统完善的刑事执行法；丹麦也制定了统一的《丹麦刑事执行法典》。[3] 我国对于《刑事执行法典》的需求是十分急迫的，甚至可以说是完善我国现有的刑事执行规范性文件体系的

[1] 王顺安：《刍议创建社区矫正法学》，载《中国监狱学刊》2020年第5期。

[2] 司绍寒：《德国刑事执行法律概览》，载《德国研究》2007年第3期。

[3] 易慧琳：《〈丹麦刑事执行法〉及其对我国立法的启示》，载《河南科技大学学报（社会科学版）》2008年第5期。

破局之处，[1]《刑事执行法典》的编纂具有十分重要的意义，也是明晰刑事执行法律体系的性质的必由之路。

（一）制定《刑事执行法典》是实现刑事法治的关键

刑事法治的实现需要刑事实体法、刑事诉讼法、刑事执行法共同作用才能实现。在这一过程之中，刑事执行法典不仅仅在功能上起到了完善现有刑法与刑事诉讼法的内容，促进刑事一体化建设的作用；在精神上起到了贯彻宽严相济的刑事政策、促进个别预防与特殊方相结合减少犯罪的作用；在法秩序层面起到了完善现有的行刑关系，促进刑法体系的合宪性的作用。

1. 制定《刑事执行法》是实现刑事一体化的必由之路

刑事一体化这一概念脱胎于李斯特的“整体刑法学”，其本意在于刑法和刑法运行处于内外协调状态才能发挥最佳刑法功能。实现刑法的最佳社会效益是刑事一体化的目的，刑事一体化的内涵则是刑法和刑法运行内外协调。所谓内部协调主要指刑法结构合理，外部协调实质为刑法运作机制顺畅。[2] 刑事一体化或是说整体的刑法学的命题，统摄刑事实体法、刑事诉讼法、刑事执行法的三大刑事法律部门，笔者对于《刑事执行法典》的功能作用的分析即从这一角度展开。从这一角度来看，《刑事执行法典》是对于现有刑事法律体系规范内容的重要弥补：我国现有对于刑事（刑罚）执行规定的核心并非《监狱法》、《社区矫正法》在内的刑事（刑罚）执行的特别法，而是《刑法》之中有关刑罚的条款，决定了刑事（刑罚）执行的执行内容，而刑事执

---

〔1〕 王利荣：《也谈完善刑事执行法制的基本思路》，载《北京市政法管理干部学院学报》2001 年第 1 期。

〔2〕 储槐植：《再说刑事一体化》，载《法学杂志》2004 年第 3 期。

行的特别法是对于《刑法典》之中的刑罚内容的具体执行，是对《刑法》内容的重要补充。但可以看出的是，我国当前的刑事执行法律体系仍有相当多的不足：死刑立即执行、财产刑执行、剥夺政治权利刑执行，以及将会越来越频繁的对外国人刑罚执行、驱逐出境执行、特赦执行等都没有明确具体的可操作性规范，更何况由于历史原因，刑事（刑罚）执行权仍然由人民法院、公安机关和司法行政机关分享，看守所不仅羁押未决的犯罪嫌疑人、被告人，而且收押已决的3个月以下的有期徒刑和拘役刑罪犯，作为典型的混合性监狱的看守所不归司法部监狱管理局管而归公安部监所管理局管，导致令出多门、权力分散、效率低下，极不利于防治冤假错案。[1] 而解决以上问题的唯一途径就是制定专门的《刑事执行法典》，对刑事（刑罚）执行的全过程进行明确的规定。

2. 制定《刑事执行法典》是体现刑事政策、减少预防犯罪的必由之路

宽严相济的刑事政策是中国特色社会主义法治在刑事法律体系之中的具体体现，也是颇具中国特色的定性+定量的犯罪概念在刑事执行领域的具体体现[2]虽然“刑事政策”具有多层面的含义，但在中国刑法的核心语境中，“刑事政策”一般是狭义概念即特定主体的犯罪治理政策，作为基本刑事政策的“宽严相济”也是在这一层面确立和展开的。建立现代化的刑事执行体系，不仅仅是为了从报应主义的角度对犯罪人的犯罪行为做出否

---

〔1〕 王顺安等：《建议依宪编纂创制〈中华人民共和国刑事执行法典〉——“宪法与刑事执行法治建设”线上会议发言摘录》，载《宜宾学院学报》2021年第4期。

〔2〕 刘艳红：《中国刑法制度的守正创新》，载《检察日报》2021年8月20日，第3版。

定评价并对其施以刑罚，更是为了通过刑事执行的方式将其改造成为对社会不具有危害性的合法公民。刑事（刑罚）执行一方面通过减刑在内的刑罚执行、一方面通过社区矫正在内的刑事执行来践行“该严则严，当宽则宽；严中有宽，宽中有严；宽严有度，宽严审时”的刑事政策。可以说刑事执行是整个刑事政策具体的实施者和主要的执行者，而对整个刑事执行体系而言，起到最主要的统摄作用的就是《刑事执行法典》。通过制定《刑事执行法典》的方式，可以进一步促进刑罚执行的法治化与人性化，同时可以建立更加科学合理的刑事执行与改造教育体系，促进对犯罪人的进一步教育改造。

3. 制定《刑事执行法》是实现行刑合理衔接的必由之路

行刑衔接不仅仅是理论上划分的实体衔接与程序衔接，执行的衔接也是十分重要的组成部分。在行政犯数量不断扩张的今天，以行政违法为由的短期自由刑的数量逐年上升。对于如何规制这一行为，理论界有很大的争议：有学者赞同传统的德日刑法的观点，认为应当将其统一划归为行政刑法之中并制定单独的《行政刑法典》或者《轻罪法典》;〔1〕另一部分学者则认为应当保持现有的行政处罚—刑罚的二元格局。〔2〕但无论如何划分，实现法律评价实效的唯一路径就是通过法律的执行，不论是行政执行还是刑事执行。通过制定专门的《刑事执行法典》，可以有效地缓解在《行政程序法》缺位的情况下行政执行与刑事执行的模糊性，明确在法律执行领域行政与刑事的基本边界。由于现有条件之下，制定专门的《行政刑法典》或是《轻罪法典》条件不

〔1〕 李晓明:《行政刑法新论（第二版）》，法律出版社 2019 年版，第 39 页。

〔2〕 刘艳红、周佑勇:《行政刑法的一般理论》，北京大学出版社 2020 年版，第 46 页。

具备且具有不小的冒险性，在程序性上为基层执法人员提供明确的违法性边界的突破口就是在执行层面明确两法执行的不同与衔接，在不断推进行政法治化的同时，对我国“行政处罚—刑罚”二元区分模式进行进一步的改进，以促进行刑两法之间的有效衔接，实现有罪必移无罪不移。

（二）制定《刑事执行法典》是明确刑事执行法程序法性质的关键

制定《刑事执行法典》是明确刑事执行法程序法性质的必然选择。关于刑事（刑罚）执行法的法律属性，学界有相当多的不同看法，在实务界对这一命题也有相当多的讨论。有一部分学者以及实务界的人士认为，刑事执行法属于实体法，但笔者认为多有不妥。笔者认为，刑事（刑罚）执行法并未涉及对犯罪人判处任何刑罚或保安处分，意味着不涉及对犯罪人的权利进行剥夺，刑事（刑罚）执行是刑法与刑事诉讼法所涉及的判决的执行过程，是实现判决书中对犯罪人权利的处分的过程，是程序法，以下为具体论述：

首先，刑事（刑罚）执行法具有事实上的附属性：刑事（刑罚）的执行不能独立地存在，刑事（刑罚）的执行是附属于已生效的判决文件存在的，以监狱矫正为例：执行监狱矫正与刑罚的司法行政机关并非生效判决的做出机关，犯罪人在进入监狱羁押执行刑罚之前，审判机关就已经就其不法行为做出生效判决，无论执行何种的刑罚，对犯罪人的权利进行合法剥夺的过程已经结束，也就是说刑事执行本身难以独立存在，要附属于现有的刑事实体法与刑事程序法的规定。从权利的处分上来看，是审判机关依据现有的证据以及刑事实体法做出的权利处分，而非司法行政机关。倘若认为这一过程是实体的，那么也就意味着割裂了刑事执行与刑事审判的关系，割裂了刑事执行法与刑事实体法与刑事诉讼法之间的关系。并且，如果认为刑事（刑罚）的执行是实体法律规范，则毫无疑问地造成了司法行政机关绕过审判机关在不经庭审判决的情况下处分了犯罪人的权利的情形，是疑问的对罪刑法定原则的侵犯。承认刑事执行法的程序性与副属性是明确刑事执行法法律性质的前提，也是只有制定《刑事执行法典》才能实现的历史任务，也是实现罪刑法定的关键一步。

其次，从规范的内容上来看，现有的刑事执行法并未涉及对犯罪人权利的实体处分：现有的刑事（刑罚）执行的基本法包括《监狱法》《社区矫正法》在内的规范性文件，主要内容仍旧为监狱矫正与社区矫正的适用程序、有关机关的主体地位与权力以及违反相关惯例规定的犯罪人的处分。以上的规范内容并未涉及对犯罪人的权利的处分。当然，在《社区矫正法》之中规定了违反社区矫正规范的矫正对象的法律责任，实际上也构成了一定的权利义务处分关系，但这样的实体属性的条款数量相对较少，其主要内容仍以程序性规范为主。在可以预见的将来，《刑事执行法典》的主要内容也将会围绕各种刑罚的执行流程以及执行机关的权责来展开，并且适度的引入保安处分性质的执行措施，这些规范从内容上来看都是程序性的。

最后，刑事执行法具有其独立价值：如前文所述，我们可以认为刑事执行法是程序法而非实体法，并且具有一定的副属性，但不能认为刑事执行法是程序法就丧失了其独立存在的价值，恰恰相反，只有制定专门的《刑事执行法典》才能弥补现有刑事执行程序之中存在的种种漏洞，促进刑事法治的建设。

五、结论:《刑事执行法典》的立法实现路径

作为广义上的大陆法系的一员，近年来我国诸多的立法活动都遵循着大陆法系法典化的立法习惯。一般认为的法典应当具备基本的体系性与完备性。在发电的形式上，有学者总结出了理想主义法典观、保守主义法典观以及折衷主义法典观，[1] 前两种法典观或是过于激进，或是过于保守，都无法承担法典编纂的理论任务。笔者认为，现有的观点之中，分立的特别立法与通则加特别立法的立法模式均不可取，由于我国刑事执行领域太过缺少统摄性的基本法律，在《刑事执行法典》编纂的过程中，应当以总则加分则的模式，明确刑事执行的性质与任务，并吸纳现有的刑事执行基本法的规范，补充监狱刑罚执行的内容不足，制定一部真正完备具有系统性、完整性与统摄性的刑事执行法典。

〔1〕 张明楷:《刑法修正案与刑法法典化》，载《政法论坛》2021年第4期。

法律职业

Legal Profession

律师忠诚辩护的性质、规则与界限*

◎董林涛**

摘　要：律师忠诚义务产生并依附于辩护关系，却与普通受托人的善管注意义务迥然有别。作为首要职业伦理规范，忠诚义务指引着律师的辩护活动并调整着辩护关系。为彰显对被告人的忠诚，律师既需要进行最佳辩护，还要注意避免损害发生；既需要进行充分的说明报告，还要注意保持对被告人的理性尊重；既需要坚守事实真相的执业底线，还要注意维持相对于被告人的适度独立。从根本上讲，忠诚义务带有排他性、单方性的显著特征，但决不排斥对优位价值的追求与兼顾。此项义务的有效实现主要仰赖于律师职业素养和辩护技能的不断

* 教育部人文社会科学研究青年基金项目"'失范'与规范研究：刑事诉讼法应如何被解释"（项目编号：19YJC820008）；本文受中国政法大学新入校青年教师科研启动资助计划项目资助。

** 董林涛，法学博士（后），中国政法大学法学院讲师、硕士生导师。

提高，却也离不开法律观念和辩护制度的创新与突破。

关键词：最佳辩护　善管注意　意志尊重　真相解明　身份独立

一、问题的提出

辩护权是刑事被告人针对控方指控展开防御以维护自身合法权益的核心手段。我国刑事辩护制度已经完成由简单承认被告人有权获得辩护向正式确立被告人获得律师帮助权的演变，正在朝着保障被告人获得律师有效辩护的方向探索前进。与此同时，辩护律师的职业定位也经历了由“国家法律工作者”到“为社会提供法律服务的执业人员”，再到“为当事人提供法律服务的执业人员”的修正调整过程。“为当事人提供法律服务”的职业定位，标志着以被告人为中心的辩护关系在规范层面正式确立。与之对应，忠诚义务成为辩护律师的“首要职业伦理规范”。[1] 然而，规范设定并不等于实景描述。在刑事辩护实践中出现的一些乱象，无不昭示着辩护律师忠诚义务履行的不充分甚至阙如。有的律师在接受委托或指定成为辩护人之后，不充分履行会见、阅卷等法定职责，也不认真进行辩护准备，导致辩护质量不高甚至无效辩护。有的律师甚至在法庭中上演“表演性辩护”，或者不发表有针对性、有说服力的辩护意见，纯粹配合公安司法机关“走程序”，或者出于斤斤计较、法外施压等目的，采取不妥当、不合法的言行甚至与法庭“死磕”。[2] 有的律师深受“独立辩护人

〔1〕 陈瑞华：《论辩护律师的忠诚义务》，载《吉林大学社会科学学报》2016年第3期。

〔2〕 参见李奋飞：《论“表演性辩护”——中国律师法庭辩护功能的异化及其矫正》，载《政法论坛》2015年第2期。

理论”影响，未经协商即发表与被告人意见相互冲突的意见，造成辩护效果的严重内耗。在一些极端个案中甚至出现过律师临阵“倒戈”、充当“第二公诉人”的现象。[1] 如此辩护不仅有违律师的身份定位与职业使命，更直接损害了被告人合法权益。

为消除上述实践乱象，中华全国律师协会《律师执业行为规范》有关“律师应当诚实守信、勤勉尽责，依据事实和法律，维护当事人合法权益”，首次明确律师忠诚义务；《律师办理刑事案件规范》有关“律师在辩护活动中，应当在法律和事实的基础上尊重当事人意见”的规定，进一步明晰了忠诚义务的核心要求。然而，上述规定过于抽象、概括，无法为律师履行忠诚义务提供明确指引，自然也无法彻底解决实现问题。鉴于此，本文拟以辩护关系为场域，结合现有规范对忠诚义务的法律性质、基本内涵、外部限度进行系统、全面的分析。对于“如何理解并实现忠诚义务”这一核心问题，本文认为，唯有坚持将“合理尊重被告人意志、积极维护被告人利益”作为刑事辩护的核心原则与根本目标，方能契合律师职业定位，建构科学合理的辩护关系并化解辩护冲突和执业风险。

二、性质缕析：忠诚义务与善管注意

律师应当为被告人的最佳利益而诚实守信、勤勉尽责地提供辩护，是为忠诚义务。忠诚义务脱胎并依附于辩护关系，辩护关系构造特征决定了忠诚义务的基本属性。辩护关系的特征有四：其一，被告人因受刑事追诉而面临亟待解决的法律问题，律师扮

---

〔1〕 参见李奋飞：《论辩护律师忠诚义务的三个限度》，载《华东政法大学学报》2020 年第 3 期。

演的恰是问题解决者角色，辩护关系的建立和维持带有显著的目的性。其二，律师是精通法律事务的专业人士，而被告人通常对法律并不了解，律师选择的辩护方案对被告人而言具有一定的权威性。被告人诚然可以通过辩护人的说明了解相关情况，却往往难以判断该说明的真实性、准确性与正当性。其三，被告人了解事实，律师通晓法律，双方之间进行充分有效的沟通至关重要。律师的专业意见和法律技巧不仅能使被告人提出的模糊事实关系更加清晰完整，还能使被告人的目标变得更加灵活多样。其四，由于诉讼能力不对等，被告人在大多数场合下只能给予律师以全面信任，律师则必须真诚地回应被告人的信赖与期待。故而，辩护关系本质上是一种强调律师不能辜负被告人信赖，时刻考虑对方利益并为此采取行动、提出意见的“信任关系”。〔1〕以“信任关系”为根基的忠诚义务，虽然同样强调作为受托人的律师应当“忠实地履行代理合同所确立的义务条款”，忠实于当事人的利益，尽力维护当事人的合法权益，但迥然有别于《民法典》第922条规定的受托人善管注意义务。

第一，理论基础不同。善管注意义务产生于平等主体之间的契约关系，而忠诚义务产生于契约主体之间的信任关系。契约原理的规制对象是地位对等的私人关系，以平等性为基调。信任原理主要调整身份、地位或者能力存在差距的委托人与受托人之间的关系，为衡平规则的一种。随着专业分工越来越精细，专业知识壁垒足以导致对等合理的契约关系无法成立。面对完全陌生的专业问题，人们需要获得专业人员的帮助，委托其代为进行判

〔1〕 参见［日］日本弁護士連合会調査室編著：《条解弁護士法（第5版）》，日本弘文堂2019年版，第12页。

断、处分，以追求自身利益的最大化。作为对价，委托人需要支付高额经济报酬。同时，为防止权利滥用与渎职行为，专业人员被课以忠诚义务，即为了委托人的利益忠诚行事并做出合理判断。就辩护关系而言，律师虽然与被告人签订了委托代理协议，但二者在法律知识、诉讼技巧等关键事项上存在天壤之别。为更好维护被告人合法权益，辩护关系的维系与调整应当适用信任原理而非契约原理。

第二，内容要求不同。在委托关系中，受托人对委托人负有善管注意义务，应当遵循谨慎人士处理相同事务时所应遵守的一般标准，即保持合理注意、秉持谨慎态度并合理使用专业技能。[1]在辩护关系中，律师以平均、合理的律师专门知识、技能为基准，只是最低限度的质量要求。此项义务要求律师避免与委托人发生利益冲突，诚实尽责履行职务以及对委托事项进行充分说明、恰当建议。说明建议义务源于专业人士的特殊地位，不受当事人之间合意情况影响。忠诚义务意在明确律师履职过程中所应秉持的理想工作态度：不仅要履行善管注意义务，遵从委托宗旨处理委托事务，还要诚心诚意履行辩护职责，承担比普通受托人更高的道义责任。就此而言，忠诚义务可视为普通善管注意义务的加重。

第三，运行逻辑不同。理论基础与义务来源的不同，导致二者在运行逻辑上存在明显差异。善管注意义务的理论依据为契约原理，强调契约双方之间互负一定程度的注意义务，具有双向性。忠实义务的理论依据为信任法则，宗旨在于维持被告人对律

---

〔1〕 参见高凌云：《被误读的信托——信托法原论（第二版）》，复旦大学出版社2021年版，第104页。

师的信赖关系，为单方义务。善管注意义务适用过失责任原则，只要受托方能够证明自己尽到了法定或者约定的注意义务即可免除责任。而忠诚义务是律师“专为委托人利益而行动的义务，是否违反得从外观进行判断，而且原则上不能免责”。〔1〕

欲探明忠诚义务的法律性质，除了把握忠诚义务与善管注意义务的区别外，还需要厘清善管注意义务的规制边界，即能否对所有类型的辩护过错行为发挥规制作用。如果答案是肯定的，忠诚义务将变成纯粹的伦理义务；如果答案是否定的，忠诚义务才会获得独立价值与存在空间。这一问题可以结合三个具体情形进行分析：

［情形一］律师在收到不利于被告人的一审判决文书后维护被告人上诉权的行为，是否只能用忠诚义务加以说明？通常情况下，诸如此类的辩护行为，会被认为是忠诚义务的基本要求，但将其理解为律师履行善管注意义务的表现亦无问题。这意味着，对于律师的上述行为无须祭出忠诚义务大旗，适用善管注意义务即可。

［情形二］律师认为罪轻辩护与无罪辩护均有空间，无罪辩护更有利于被告人但难度很大，因而以业务繁忙、没有时间为理由选择仅以控方卷宗为依据的罪轻辩护，是否违反了善管注意义务？这里隐含的真正问题是，当职务执行中遇到复数选择时，律师的自由裁量范围究竟有多大。在真实场景中，律师也许很难准确衡量每一种可能选择的利弊大小，但却始终肩负全心全意履行职责以维护被告人权益的责任。这也为律师设置了清晰的行为底

---

〔1〕［日］高中正彦、石田京子编：《新時代の弁護士倫理》，日本有斐閣2020年版，第30页。

线。上述情形虽然意在列举律师违背忠诚义务的行为表现，但运用善管注意义务进行评价却也未尝不可。从善管注意义务角度考虑，律师上述行为违背了三项子义务：一是最大限度维护委托人正当利益的义务；二是提出适当建议、证明主张的义务；三是说明、报告义务。既然该问题可以在善管注意义务的涵摄范围内得到解决，自然也就无法对忠诚义务的性质内涵起到明确作用。

［情形三］具有卓越的专业水平与辩护技能的律师敷衍了事，向被告人提供仅达到平均水平的辩护以至于造成被告人利益损害，是否违反善管注意义务？一般认为，善管注意义务以律师的平均业务能力为参考基准。照此逻辑，除被告人对律师的卓越能力有清晰认识和明确期待外，只要两方未对辩护质量达成特别合意，即使遭受权益损害，被告人也不能以此为由向律师追责。也许会有观点认为，被告人只需要与律师就辩护质量达成特别合意，即可以避免上述情况的发生。这当然不失为一种策略，却忽略了问题的本质：只要没有特别合意，律师是不是就可以敷衍了事呢？从维护信赖关系角度考虑，律师显然不能因为缺乏合意而敷衍了事，反而应当尽其所能为被告人辩护。在评判律师是否尽责时，应当采取不同标准：在律师能力水平偏低甚至不足的情况下，以律师群体平均辩护水平为评判标准；在律师能力水平较高或者出众的情况下，以该律师的实际能力为评判标准。只有如此，才能更好地维护被告人的合法权益及其对律师的信任。至此，忠诚义务获得了独立于善管注意义务的空间与价值。〔1〕

探讨律师忠诚义务法律性质的目的在于，明晰规制辩护关系

〔1〕 参见［日］加藤新太郎：《弁護士役割論（新版）》，日本弘文堂2000年版，第358～360页。

的基本规范并为探讨律师职责使命构筑基础。在本文看来，忠诚义务根植于辩护关系构造而旨在维持律师与被告人之间的信任关系。此项义务的基本内涵有二：一是律师应当为了被告人的最佳利益而诚心诚意地履行职责；二是在律师具有超出平均水平的辩护能力的场合，应当将该名律师的实际能力作为判断是否忠诚的标准，以避免善管注意义务的平均主义倾向可能引发的消极后果。

三、规则指引：律师何以彰显忠诚

有效辩护目标的实现，不仅需要律师勤勉尽责这一主观条件，还需要伦理规范提供客观规制。考虑到被告人的权利主体地位及在辩护关系中的弱势地位，伦理规范应当承认并保障被告人的辩护自主性与自我决定权。强调被告人的辩护自主性，意在降低律师专业性、辩护裁量性以及由此形成的权威性对被告人主体地位的侵蚀。不过，对被告人自主决定权的尊重，必须建立在被告人形成恰当决定的基础上。被告人只有获得充分信息才可能做出恰当决定，而其也正是因为决策信息匮乏才委托律师。在此状态下，掌握更多信息源的律师有责任向被告人及时提供必要且充分的信息。故而，忠诚义务不仅关乎如何维护被告人利益的问题，也涉及辩护权限的分配问题。由这两方面问题也可以延伸出忠诚义务的四项基本内容：

（一）最佳辩护义务

最佳辩护义务是忠诚义务的具体化，要求律师为了被告人利益而进行最佳辩护活动。此处的被告人利益并非简单化的被告人希望或者欲求，而是指作为专业人士的律师所确定的被告人利益。如此界定在凸显律师专业性的同时也容易滋生“强制、压迫、威权等弊害”。[1] 为避免此等弊害发生，律师不仅需要具备进行利益判断的知识和经验，还需要就具体判断向被告人进行解释说明并取得认同。当然，这建立在律师与被告人之间信赖关系的基础上。此处的最佳辩护并非律师自我感觉最佳，而是指辩护行为和辩护效果对被告人而言最佳或者最有效，以刑事辩护的平均水准或者优秀律师的实际能力为评判标准。

最佳辩护义务的具体要求有五：其一，快速、及时地处理委托事务与法律问题。在因必要事前准备而不得不有所延迟的场合，律师应当及时向被告人说明，以避免事后产生争议。其二，围绕自行辩护权利及行使方式、具体策略向被告人作合理的说明与建议，并采取适当方式维护被告人辩护权利与合法权益。其三，充分行使会见、阅卷、调查取证等辩护权利，确保被告人获得必要的会见机会，并积极申请变更强制措施，最大限度维护被告人的人身自由权利。其四，对于存在利害冲突的（潜在）委托人，在接受委托时或者之前向各委托人解释造成辞任或者其他不利后果的可能性。其五，将说服裁判者接受辩护观点视作终极归宿，在沟通过程中尽可能完整地展示支撑辩护观点的事实、证据和法律规定，以强化说服效果。当然，律师最终未能说服裁判者接受辩护观点，未必构成对忠诚义务的违反。倘若律师从始至终尽职尽责，只是因为辩护空间逼仄或者其他客观原因导致辩护观点未被采纳，并不影响对其忠诚性的评价；倘若律师未做充分辩护准备、出现重大辩护失误，导致辩护观点未被采纳并使被告人承担不利后果，则构成对忠诚义务的严重背离。

---

〔1〕［日］日本法律家協会:《法曹倫理》，日本商事法務 2015 年版，第 128 页。

（二）损害避免义务

损害避免义务要求律师不得实施（可能）给被告人利益造成损害的行为，不论该利益是否与委托事项相关。律师承担此项义务的根据有三：一是单方性。律师介入诉讼程序的目的始终是维护被告人的利益。这一法定职责决定了律师理应承担这种最低限度的忠诚义务。二是廉洁性。为获得社会公众信赖和完成维护基本人权、实现社会正义的使命，律师不仅要具备专业知识和诉讼技能，更要保持清正廉洁、珍惜职业声誉。〔1〕三是品味保持义务。无论职务内外，律师均需要保持高尚品格，不得实施产生不良社会影响、有损行业声誉和职业形象的行为。

在职业伦理规范层面，损害避免义务要求律师应当做到：其一，对在履行职务过程中知悉的被告人不愿意泄露的有关情况和信息予以保密。当然，在被告人同意公开、律师进行自我防御、维护公共利益三种情况下，律师不再受保密义务约束。其二，恪守辩护职责，不得未经被告人同意发表不利意见甚至变成“第二公诉人”，也不得与其他当事人串通损害被告人利益。其三，不得接受与本人或近亲属存在利益冲突的被告人委托，也不得利用职务便利谋取涉案财物或被告人财物。其四，不得侵占、侵吞被告人财物，在辩护关系终止时应及时清算返还。其五，努力维持与被告人的信任关系并尽力避免产生纠纷。产生纠纷时，律师要争取借助律师协会内部调解机制解决，避免对律师社会声誉和被告人秘密造成不当损害。归根结底，以上行为规则旨在确保律师成为真正值得被告人信赖之人，而不仅仅是营利业务的提供者。

---

〔1〕 参见［日］日本法律家協会：《法曹倫理》，日本商事法務2015年版，第11页。

（三）说明报告义务

在辩护关系中，被告人清楚事实真相但需要向律师寻求合理有效的辩护方案，律师熟悉法律规定但需要向被告人了解案件事实、价值偏好和风险承受能力，因而辩护双方的沟通交流是必需且必要的。律师与被告人的沟通交流主要通过履行说明报告义务予以实现。从职业伦理角度考虑，律师履行说明报告义务的必要性有三：一是体现对被告人辩护主权和自我决定权的尊重；二是为被告人针对辩护目标、重要问题及具体策略做出明智决定创造条件；三是满足对律师进行适当规制的现实需要。

说明报告义务贯穿辩护关系始终，对律师提出了多层次要求：其一，接受委托时，律师需要根据被告人提供的事实和证据进行分析预测，并对诉讼权利、案件流程、辩护手段和律师费用等事项做出恰当说明。其二，接受委托后，律师在采取适当方法确认被告人预期目标的基础上，选择现实可行的辩护方案并连同其他备选方案的利弊一并向被告人解释说明。其三，辩护过程中，在是否认罪、无罪辩护或者罪轻辩护等关键问题上，律师需要向被告人进行解释说明并对最终决定进行确认；对已经出现或可能出现的不可克服的困难、风险，律师应当及时通知被告人。当出现拒绝辩护法定事由或失去信赖关系且难以恢复时，律师应当进行说明并及时采取辞任或其他合理措施。其四，诉讼阶段转换和委托关系终结时，律师应当向被告人说明案件处理状况并提出必要的法律建议。

（四）意志尊重义务

从代理人角色和辩护职责角度考虑，律师需要遵从被告人的辩护观点和诉讼主张开展辩护活动，是为意志尊重义务。然而，该义务并不具有绝对性而需要具体问题具体分析。如果对被告人言听计从能实现维护合法利益的效果，律师应当如此行事。但是，在不能实现这一效果或者被告人要求实施诸如提交虚假证据等不当行为的场合，律师又该作何选择呢？换言之，在与被告人围绕辩护事项产生意见分歧时，律师应当尊重的被告人意志究竟是什么？律师又该如何尊重被告人意志？基于对独立辩护人理论的反思，对被告人的观点、要求、主张，律师既不能置之不理也不能言听计从，而需要处理好意志尊重与专业判断之间的关系。

意志尊重义务包含以下要素：一是适当的权限分配。为保证沟通协调的必要性、效率性，也为避免辩护冲突，立法可以事先对辩护决策权进行适当分配。原则上，诸如是否认罪认罚、审判程序选择、上诉与否及被告人有明确意思表示的辩护事项，应当交由被告人自主决定。当然，辩护双方也可以自由约定。二是充分的沟通与协商。律师与被告人沟通协商的目的在于保证被告人知情权，协助被告人做出审慎、理性的决定。律师不同意被告人决定的，可以告知自己的辩护思路并说服被告人接受。三是必要的说服规劝。在被告人拒绝律师辩护思路、接受后反悔或者所提诉求有损自身利益、律师利益甚至司法利益时，律师需要进行必要、适度的说服规劝。在被告人固执己见的场合，律师则应当尊重被告人决定并照此准备辩护方案。四是审慎解除委托。双方分歧难以调和时，律师可以选择审慎退出并注意降低对被告人辩护利益的不利影响。无论何种场合，律师均不得在未获被告人同意的情况下提出与被告人相矛盾或者被告人不能接受的观点、主张和证据，以避免辩护效果的内耗抵消。

四、界限厘定：真相解明与身份独立

根据《刑事诉讼法》第 48 条规定，律师所采取的辩护行为既不能与法律的禁止性规定相抵触。同时，也不能“以无原则地损害其他法律价值为代价”。[1] 具体而言，律师应当严格依据法律规定与职业伦理规范的规定开展辩护活动，不得违反法律确定的禁止性规定和义务性规则；应当以事实为根据，合理审慎选择最佳辩护方案，不得实施妨碍真实发现的积极行为；应当在尊重被告人意志的同时依法独立履行辩护职责，不得罔顾事实与法律唯被告人马首是瞻。依法履职是法律职业共同体成员均需准守的底线准则，不因诉讼角色而有所差异。真实辩护与身份独立是由律师职业定位所延伸出的特殊要求，构成忠诚义务的外部限制。

（一）忠诚义务与真相解明

《律师法》第 3 条第 2 款明确要求“律师执业必须以事实为根据”。这一执业准则是否意味着律师要承担真实义务呢？在刑事诉讼中，被告人有罪的举证责任由检察机关或者自诉人承担，被告人及律师有权提出有利于被告人的事实、证据及意见。责任与权利的区别决定了律师对公安司法机关尤其是法院不负有积极真实义务。律师不承担积极真实义务并非代表对真相解明不负任何责任。相反，律师应当承担消极真实义务，在辩护全程不得实施或者协助实施隐匿、毁灭、伪造证据或者串供、干扰证人作证等妨碍事实真相发现的行为。当遭遇忠诚义务与消极真实义务不协调或者相互冲突造成的伦理困境时，律师应当恪守消极真实义

---

〔1〕 陈瑞华：《论辩护律师的忠诚义务》，载《吉林大学社会科学学报》2016 年第 3 期。

务的禁止性规则，合理约束辩护行为，在避免律师执业风险的同时最大限度地实现对被告人的忠诚。

第一，保密义务的例外设定。保密义务的本质在于维护被告人对律师的信赖，是忠诚义务的核心内容与辩护制度的生命线。不过，保密义务却并非所有场合均优先适用的绝对性义务。在某些例外情形下，为了实现多元价值的兼顾平衡，律师应当被允许主动披露被告人的“秘密”。恰是因为涉及律师对案件信息的主动披露，保密义务的例外设定本质上构成了真实义务对忠诚义务的外部限制。

客观而言，《律师法》《刑事诉讼法》设置了公共利益的例外，不仅是正当的，也是必需的。但是，从立法论角度考虑，对第三者权益的保护不应仅限于人身安全，还应当包括财产利益。律师知悉被告人准备或者正在实施可能给第三人的财产性利益造成重大损害的犯罪行为的，同样应当及时告知公安司法机关。毕竟律师并不总是能够对被告人产生决定性影响，更无法避免重大财产性损害的发生。此外，保密义务还有必要增设两类例外：一是被告人承诺。在获得被告人承诺的前提下，律师公开“秘密”甚至履行积极真实义务也不会破坏其与被告人的信赖关系。原则上，被告人承诺需要以明示方式作出。但是，为了维护被告人利益而确有披露必要时，公开“秘密”可以视作对律师的默示授权。[1] 二是律师自我防御。在执业过程中，律师既可能因为委托费用、辩护质量与被告人产生纠纷，也可能因为不法行为而成为惩戒程序的当事人。从利益平衡角度考量，陷入纷争的律师不

---

〔1〕 参见［日］日本法律家協会：《法曹倫理》，日本商事法務2015年版，第117页。

应再受保密义务的规制，而应当有权决定是否在必要范围内公开“秘密”，以便进行主张立证与自我辩护。

第二，被告人作虚假陈述。在刑事诉讼中，被告人作虚假陈述主要有两种类型：一是有罪之人作无罪辩护；二是无罪之人作有罪供述。在前一场合，由于不承担证明被告人有罪的证明责任，律师即使从被告人处了解到了事实真相也不得擅自公布，否则构成对忠诚义务的违反。在后一场合，即被告人坦诚自己没有实施被指控的犯罪行为而只是替别人顶包认罪时，律师则会陷入进退两难的伦理困境。从忠诚义务角度考量，律师应当在尊重被告人意志的基础上开展辩护活动，即对被告人顶包认罪的事实予以保密。然而，如此辩护在客观上会产生包庇、助长真犯人与被告人犯罪行为的消极后果。从真实义务角度考量，无罪才符合被告人的根本利益，因而无论是否获得被告人的承诺，律师均应当以被告人非真正的犯罪人为理由进行无罪辩护。

律师在面临上述困境时应作何选择呢？可以肯定的一点是，律师不应提出被告人顶包认罪的辩护主张。理由有三：首先，泄露被告人的秘密构成对保密义务的违反；其次，在未经法院生效裁判确认的状态下指称某人为真犯人构成对他人名誉的侵害；再次，告发被告人隐匿罪犯会破坏他对律师的信任。因此，律师所能提供的最佳辩护应当是在不触碰被告人顶包认罪事实的同时证明被告人无罪。当然，律师可以劝说被告人主动向办案机关承认虚假认罪的事实。如果被告人拒不接受，律师只能以证据未达到“确实、充分”程度为由进行无罪辩护。

第三，禁止提供虚假证据规则。律师在辩护活动中不得提出虚假证据或者威胁、利诱他人提供虚假证据，自不待言。问题在于：一是事实有罪之人作无罪辩护的场合，律师能否发表被告人无罪的意见或者提供无罪证据；二是事实无罪之人选择认罪的场合，律师能否围绕被告人的认罪陈述进行发问。就前者而言，纵使清楚被告人为有罪之人，只要他选择无罪辩护，律师就应当予以尊重并提供协助。就后者而言，如果肯定被告人在是否认罪的问题上拥有自主决定权的话，律师应当尊重被告人的自主决定，也自然可以向他提出与认罪陈述有关的问题。

在被告人作虚假陈述甚至虚假认罪的场合，要求律师尊重被告人的自主决定并提供必要的法律帮助，无疑是律师忠诚义务的要求和彰显。然而，尊重意志、提供帮助并非“同流合污”或“沆瀣一气”。实际上，消极真实义务是律师时刻肩负、不可推卸的基本义务，且不受被告人决定内容的影响或者钳制。在二者无法兼顾时以忠诚义务为优先选择，但不得突破消极真实义务所设定的底线。具体行为规则为：首先，律师对被告人进行必要、适度的规劝、说服，促使其改变决定；其次，被告人拒绝接受律师建议而执意作虚假陈述时，律师不要介入陈述的形成、发表过程，也不要进行诱导性发问；再次，除法定的例外情形，律师应当对被告人作虚假陈述的事实予以保密；最后，律师应当提出真实、合法的证据证明被告人确定的辩护目标。

（二）忠诚义务与身份独立

《律师办理刑事案件规范》要求律师“应当依法独立履行辩护职责”。身份独立与忠诚义务决定了律师既不能完全不顾被告人意愿进行独立辩护，也不能罔顾法律和事实而甘为实现当事人利益的工具。

第一，代理人职责与公益职责。有论者主张，律师只应承担代理人职责，从有利于被告人的角度进行辩护，而不应承担维护法律正确实施、实现社会公平正义的公益性职责。[1] 在本文看来，强调律师的代理人职责确有必要，但不应因此否定律师的公益性职责。这是因为：首先，《律师法》对公益性职责的规定面向全部律师，实为一般性伦理规范。《刑事诉讼法》第37条所采用的“根据事实和法律，提出……材料和意见”的表述方式，同样蕴含公益性职责的要求。其次，刑事辩护制度本身承担着“促进司法机关准确、及时地查明案情和正确适用法律，提高办案质量”[2] 的功能。再次，作为法律职业共同体成员，律师应当遵守这一共通性的伦理规范，“不能以律师在司法流水线上处于末端而降低律师的职业道德水准”。[3] 最后，律师忠诚义务的四项内容均与公益性职责存在紧密联系甚至直接以公益性职责为理据。因此，对律师代理人角色的强调应当坚持“有限制的代理人”这一传统定位，强调律师应当尽力实现被告人利益与社会公共利益的兼顾与平衡。

第二，身份独立与利益维护。律师“依法独立履行辩护职责”，是指律师在履职过程中应当尽力保持自由独立的立场。在辩护场域，律师相对于被告人的独立性主要体现在三个方面：其一，律师拥有是否接受被告人委托的自由决定权，而不负有必须接受被告人委托的义务。对于法律规定不得与被告人建立或维持委托关系的案件，律师应当主动提出回避而不得承办该业务。对

---

〔1〕 参见陈瑞华：《刑事辩护制度四十年来的回顾与展望》，载《政法论坛》2019年第6期。

〔2〕 陈光中主编：《刑事诉讼法（第七版）》，北京大学出版社、高等教育出版社2021年版，第52页。

〔3〕 徐显明：《对构建具有中国特色的法律职业共同体的思考》，载《中国法律评论》2014年第3期。

于被告人提出的违法代理事项，律师应当予以拒绝。其二，律师应当为实现被告人目标而诚实履行辩护职责。但这并不意味着律师应当对被告人“唯命是从”，采取不当、违法的方法手段开展辩护。其三，律师不得与被告人进行金钱借贷或债务担保，以保证经济方面的独立性。毕竟律师一旦与被告人产生经济利益联系，不仅容易产生矛盾纷争，也会滋生受被告人钳制的问题。

第三，意思自治与专业判断。《律师办理刑事案件规范》要求律师在“依法独立履行辩护职责”的同时“尊重当事人意见”。然而，同时满足独立性与服从性的要求对律师而言是非常困难的事情，常常顾此失彼而无法兼顾。“独立辩护人”理论在辩护实践中的流行即为典型立证。随着法律援助范围的不断扩大，律师忽略被告人意见进行“独立辩护”的风险与日俱增。在此背景下，厘清被告人意志与律师专业判断之间的关系显得至关重要。在刑事诉讼中，被告人才是拥有自主决定权的防御主体。从委托关系的角度考量，律师作为代理人理应遵从被告人的自主决定。与此同时，为避免事无巨细的沟通协商和对律师专业能力的不当限制，“尊重当事人意见”应当理解为：在诸如是否认罪、辩护形式与审判程序选择、是否上诉等有关被告人实体利益的关键问题上，律师应当遵从被告人的选择而不得独断专行；至于具体辩护策略与诉讼行为，律师则可以独立作出专业判断。

五、结语

无可否认，单靠防御主体论下的权限分配规则并无法一劳永逸地解决忠诚义务履行问题。对于被告人拥有自主决定权的事项，律师不能无原则地一味遵从，也并非一定要拘泥于被告人决定。在某些情况下，律师可以违背被告人意愿提出有利辩护意见。就此而言，律师的专业判断不应在被告人自主决定权领域彻底消失，而应适度发挥修正补强功能。对于策略性、技巧性的辩护事项，专业判断亦不足以成为律师意见优先的绝对理由。律师专业判断依然要服务于维护被告人合法权益的根本目标。从确保被告人知情同意的角度考虑，律师所选择的辩护策略和诉讼行为应当能够从被告人意思表示中找到根据或缘由。总而言之，在辩护关系中，既有被告人自主决定的与委托宗旨直接相关的事项，也有允许律师自由裁量、独自决定的纯粹技术性事项，而于这两端之间更多的是需要律师综合考虑多种因素予以灵活应对的事项。[1] 这虽然增加了律师履行忠诚义务、妥善处理辩护关系的难度，但同时也指明了解决问题的最佳路径。

---

〔1〕 参见［日］後藤昭、高野隆、岡慎一：《弁護士の役割》，日本第一法规2013年版，第39~40页。

试论涉海专业法学人才随船实习机制的建立

——以集美大学海商法专业“第二课堂”建设为例

◎丁莲芝*

摘　要：随着双一流大学建设和海洋强国建设的推进，高校对于培养涉海法律人才的渴望益发迫切。在此背景下，选取集美大学的海商法专业为研究样本，以建立随船实习机制为研究对象，从机制设立的正当性基础、注意事项及其完善和展望为研究路径，认为海商法专业为代表的涉海人才培养应当得到更多的关心和投入，从财政、制度、人员等方面都予以全方位的保障随船机制的实施。

关键词：随船实习　海洋强国　第二课堂　双导师制度

* 丁莲芝，集美大学文法学院讲师，研究方向为海商法。

引　言

党的十九大报告指出，我国要加快一流大学和一流学科建设，实现高等教育内涵式发展，而作为双一流建设中的集美大学的法学专业，同样需要实现自身的内涵式发展。作为具有航海背景和优势院校，集美大学法学专业的海商法方向的学生在培养涉海人才方面虽不遗余力，但除了传统课堂授课形式之外，利用学校、行业和地理优势，实现从质量并举的跨越式发展的“第二课堂”建设模式成了当前关注的议题。对于“第二课堂”的理解，学界虽未完全统一，但基本都认为涵盖传统课堂之外、整合校内外资源并实现大学生全面发展成长的一种教育模式。[1]如果传统课堂是对“教室+黑板+主讲教师”模式下的授课方式的概括，那么“第二课堂”，则为突破固有的四堵墙下的教学模式，将课堂延伸至课堂以外的社会各个角落，尤其通过现场教学，培养学生专业知识建构能力、社交能力和团队协作精神。也就是说“第二课堂”具有动态、宽泛的含义，除了传统意义上的第一课堂之外，其他方式都可成为第二课堂，特别是实践性较强，与涉外法学海商法密切相关的航海上船实习成为非常具有代表性的一种第二课堂模式。

作为第二课堂重要组成部分的随船实习机制，是否有助于航海高等院校意图实现涉海专业人才培养的内涵式发展，如果可以，如何实现跨越式发展，正是本课题研究的出发点和落脚点。下面将从集美大学法学院的涉海专业——海商法专业着手，就建

〔1〕 苏宇：《以“立德树人、德法兼修”为视角，法科类院校研究生第二课堂建设研究》，载《中国法学教育研究》2020年第2期。

设双一流大学的背景下建立随船实习机制的正当性、如何应对和完善进行讨论。

一、涉海法律人才培养的必要性

所谓涉海法律人才，是指有关海洋方面的法律专业的人才。对于高等院校的法学而言，既包括涉及海洋偏公法性人才，也包括涉及海洋的私法性人才。本文所言涉海法律人才，包括这两者，同时选取的研究对象为集美大学主要的海商法专业培养的法律人才，亦即偏私的涉海法律人才。无论如何，培养涉海法律人才在当前都有其积极意义。

（一）培养涉海法律人才，是建设海洋强国的现实需要

当前中共十九大报告提出要加快建设海洋强国，而这更需要涉海法学人才培养。海商法专业的人才培养途径无疑为我国推进深海建设提供了法律制度上的保障。但面对当前各国都加快海洋开发的压力，我们所培养的专业人才也需要具有过硬的综合素质：不仅仅局限于法律条文的解读，除了通晓海运国际条约和惯例，能以外语作为工作语言外，还要接地气，紧跟行业发展动态，要能吃苦，有一定的心理承受力和大局意识，是经得起检验、具有可持续发展潜力的航运人才。

（二）培养涉海法律人才，是海商法专业设置的初衷

不忘初心，方得始终。海商法学属于法学的分支，具有大法学逻辑性和实证性研究的特点；同时海商法又是涉海法学，需要在精通法律英语、海事英语的前提下，紧紧围绕航海学、船舶构造与运营、货物配积载等要素，具有明显的涉海属性，也要求专业人才具有较强的动手能力和实践能力。这就需要在突破传统

“教室+黑板+主讲教师”模式，增大对“第二课堂”建设力度，亦即需要加大对实践类课程的投入力度。通过构筑合理的专业课程设置，制定符合当前培养人才目标的教学计划，强调实践类课程的比重，是培养涉海法律人才的必经之路。

二、建立随船实习机制的正当性基础

培养涉海法律人才，除了传统课堂授课实现之外，需要意识到实践类课程的重要性。尽管实践类课程表现多种多样，但结合海洋特性，随船实习这种形式脱颖而出。随船实习是诸多航海类专业的优良传统，是指在学生的培养计划中，专门划定数周或数月时间，指派负责教师带领该专业的学生上船学习和生活，并在实习船舶的船员的协助下，亲身体验航海驾驶生活和工作的一门必修课程。它区别于传统意义上在课堂授课的模式，强调实践性和体验感，希望对专业知识有一定新的认识。也不同于我们当前安排学生去船上或码头简单参观的程式，是具有一定深度和要求的严肃的教学模式。这在航海和轮机专业是司空见惯的授课方式，但是对于非航海专业而言，特别是我校涉海专业——海商法的学生而言，却并未建立起相应的上船实习机制。但无论从历史还是现实需要角度来看，都有必要建立随船实习机制。

（一）历史原因

随船实习是国内外海商法专业学生专业课程体系的重要组成部分。从国际上来看，培养海商法学习的院校都有大量的实践类课程。如挪威奥斯陆大学法学院会安排学生学习不少于50%的实践类课程，如海上航行、参观航运企业、模拟法庭辩论、各种层次研讨会等。笔者2017—2018年在挪威奥斯陆大学法学院访学期间，全程随该校海商法专业的学生见识了挪威船级社（Det Norske Veritas，DNV）的参观学习。此外，还了解到他们需要完成的实践类课程中就有上船实习的内容，那届学生被安排从奥斯陆到哥本哈根航次，而且下船还要参加学术研讨会。

从国内层面来看，国内航海高校（航海类专业）都有上船实习的传统，且当前越来越多的非航海专业也趋向于上船实习。大连海事大学2008年建成并投入"育鲲"轮供该校学生上船实习，自2013年起每年又安排包括法学在内的非航海类专业学生上该校船实习；上海海事大学学生上船实习的历史则可以追溯到1982年。我校航海轮机专业的学生也有随船实习的课时任务。可见，我国传统海事院校都有上船实习的传统，存在必然有其合理性，上船实习能够给涉海专业带来理论讲授所不能达成的教学效果应当是可想而知的。

不仅如此，我国越来越多的高校开始拥有自己的实习船，除了大连海事大学［"红专"轮（1957—1965）、育红轮（1974—1986）、育英轮（1980—1992）、郑和轮（1991—1998）、育龙轮（1989—）、"育鲲"轮（2008—）、育鹏轮（2016—）］、上海海事大学［育青轮（1982—）、育锋轮（1992—）、育明轮（2012—）］、集美大学（退役的实践号、吉祥轮、鼓山轮、"育"字头开头的实习船、现役的育德轮）、武汉理工大学［长航幸海轮（2014）、长航福海（2014）］等航海院校外，[1]连非传统海事院校如中山大学也在2019年10月28日开工建造本校的海

〔1〕 主要航海院校实习船的"前世今生"，载 http://www.sohu.com/a/156799832_776520，最后访问日期：2022年3月30日；更多关于航海类高校拥有的实习船情形请参见："全国航海院校基本情况调查研究"课题组：《中国航海教育的现状与挑战》，载《航海教育研究》2021年第4期。

洋综合科考实习船了。[1]可见，推进随船实习过去、现在乃至将来，都具有实践基础。

（二）社会新形势的要求

“互联网+”模式加剧了教育全球化趋势，通过互联网的嫁接，涌现了慕课、微课、翻转课堂等各种新型教育方式，正在影响我国教育产业。国外优秀大学/机构以及名师的课程通过互联网也将对我们课堂产生一定冲击。如何利用互联网手段扬长避短，突破我国海商法专业人才培养瓶颈，同时又防止知识学习过分碎片化带来的负面影响，为社会输送接地气的人才是摆在我们面前的急迫课题。

而随船实习这一模式不仅可以打破虚拟教学的垄断，同时利用 AI 等高科技手段，又能使随船实习产生的教学效果和质量的极大提升。换言之，传统的课堂授课当前受到了来自互联网的种种挑战，而应对这种挑战，可以提高实践类课程的比重，并加快随船实习的机制化运行，以适应当前人工智能带来的新情况。

（三）培养学生对外交往能力的有效途径

实践类课程是有效提高学生对外交往的方式之一，尤其当来自不同国家地区和背景的学生在一起学习，或者在学生与教授人员之间的沟通都有助于提高学生对外交往的意识。比如，大连海事大学和香港理工大学等相关院校在 2018 年共同推过“逐梦深蓝”“育鲲”轮实习计划，都受到青年学生的好评。

又比如，笔者在挪威时曾跟随奥斯陆大学 2017 级海商法专业的学生参观挪威船级社的研讨会，该校学生与来自荷兰伊拉斯

---

〔1〕 我校海洋综合科考实习船开工仪式在上海举行，载于中山大学新闻网：http://news2.sysu.edu.cn/news01/1366457.htm，最后访问日期：2022 年 3 月 30 日。

姆斯大学的学生进行了学术交流，在研讨会与来自其他国家的学者专家积极互动。如果不设置这类实践类课程，恐怕很难有此机会和行业内外的人士学习。

三、实行随船实习的注意事项

虽然随船实习并非新型实践类课程，但对于非航海专业的学生而言，对培养目标为涉海法律人才的院校而言，我们需要从以下几方面为顺利实施随船实习机制而努力。

（一）上船前做好安全培训工作

船舶工作具有高风险和特殊性，如果是船员则会意味着接受过专业的安全训练，但实习学生不具有船员的资质和身份，上船前有必要进行“安全熟悉培训”（戚发勇，2016）。这既是为了保障学生在船上实习期间的安全，同时也为非航海类专业学生对船舶、海洋、航海知识、航海文化的了解提供新的途径。

安全培训工作也是整个航海实习的一个环节，但为了珍惜宝贵的船上时间，这一工作可以且有必要放在上船前进行。然则就有必要安全培训工作开始前就拟定详细周密的实习计划。

（二）在船实习期间要端正学习理念，充分利用机会

将随船实习作为实践课并入某一门海商法专业的课程设置中，由授课教师作为主要负责人全程现场随船实习课程，采用现场主讲、邀请行业专业人员在船上进行现场演示和讲解，并作为必修课的一部分纳入具体课程的考核。这要求学校在财政、人力、物力等方面都要付出巨大，所以要让学生有珍惜上船实习的机会的理念。

只有端正理念，认识到船舶在海上实习中就是将其作为传统

课堂的延伸，成为我们专业素质教育的第二课堂，对航运贸易的主要载体——“船舶”构造有了更为具象的认识，对租船法律关系、对货载、对海事事故的发生、对海员工作的不易有了更加切身的感受，才容易取得预期的教学效果。

（三）避免将上船实习成为摆设，注重教学质量

对于非航海专业的学生上船实习，安排上船实习要花费的人力物流要远远高于传统课堂上课，因此要避免将出海当成旅游的错误思想。笔者可以根据自身经历做个比较。2017 年 10 月，笔者在与奥斯陆大学海商法专业学生参观 DNV 时留下了非常深刻的印象，在整整一天的现场学习中，单位有关负责人会介绍船级社涉足主要业务领域，同时法务部会就当前在实践当中遇到的法律问题与同学进行研讨，同时学生被指导做好防护措施后，参观工作车间和实验室，由专人讲授业务操作流程。此次参观的安排非常紧凑、充实。反观笔者作为海商法专业的本科生时进行的上船实习，虽然有船长轮机长给我们讲课，但跟国外的实习课程比起来，我们的实习课太过轻松。哪怕当前带领学生去 XX 法院、XX 交易所实习，虽然都是实践类课程，往往就几个小时，走马观花就算过去了。

因此，今后开展上船实习实践课时，不能流于形式。要充分利用学校的资源，将船舶认识实习范围从船舶扩大到岸基，做好上船前的准备工作和下船后持续提高工作，才能进一步提高实习效果。（张跃文，2015）

四、完善随船实习机制展望

随船实习机制的建立具有历史和现实的必要性，对涉海法律

人才的培养具有积极的推动意义。因此，有理由相信不久的将来集美大学对海商法专业的学生设立随船实习机制，第二课堂语境中探究随船实习机制设立也具有可行性。

（一）与传统课堂衔接无缝化

海商法专业人才的培养需要完善课程设置，加大学科投入力度，特别是要提高学生与海洋专业相关领域的涉猎。其中重要的一方面就是利用多媒体互联网，增加实践课程教学，打破现有80%以上课程都在课堂学习的现状，通过开设实践课程延伸课堂学习，一门课程不止一位授课老师，学生学习不再局限于课堂教学，形成“第二课堂”知行合一的教学体系，并与传统的课堂授课模式实现无缝对接。具体需要注意以下三个方面：

第一个方面是授课对象范围采用校内有条件开放模式。授课对象立足为面向法学院海商法专业的学生，但不局限。因为集美大学涉海专业除了法学院的相关专业，航海学院、轮机学院、生物工程学院等其他院系都有涉海专业，对于实现我校双一流建设都有促进作用，因此在财政等条件成熟的前提下，欢迎其他涉海专业有步骤参与。实践课程种类多样，如创新创业课程、模拟法庭模式、随船实习模式等，每人大学期间作为必修环节都要修满规定的学分。对于海商法专业的学生，随船实习除了作为必修课、加大学时比重外，也要提高要求和考核力度。其他涉海专业学生则为任选课。

第二个方面是随船实习的教学阶段，适宜三年级学生。鉴于当前我国法学招生时不再细分专业，我校当前法学（海商法）自2016年起，不在大一时分专业的这一现实情况下，一般大二或大三才具体分专业方向。通常做法是大一、大二时课程设置偏重于法学基础理论，大三、大四偏向于专业课程设置，落实实践类课程的设置，也需要学生有一定专业知识背景，也适宜放在大三。

第三个方面是时长方面，随船实践课程设置一般控制在两周到四周内。如果所在航次为国内航次，从南到北港口来回一周左右在航时间，如果中间下船还有其他实践类课程，则总共不应超过两周。如果是远洋航次，应当放在近洋或者东南亚，可以适当延长。大连海事大学轮机工程专业船舶认识实习的时长为28天，包括实习项目安全教育、熟悉船舶（2天）、白班与上课航行（10天）、值班（6天）、帮厨与卫生（7天），以及复习与考试（3天）。可见航海专业也不超过四周，所以我们非航海专业将船上实习时间拉得比他们还长，是不合适的。

第四个方面，要树立与传统课堂衔接的重要目的在于巩固和提高教学质量，确保学生作为实践类课程的学习主体地位。但不同于传统课堂，实践课程考核的度不易把握，论文、报告评价标准的设定比较困难，容易产生主观化评价倾向，同时教学效果不易立竿见影。需要采纳灵活的方式，比如聘请有实务经验的专家为副导师，和负责老师共同负责船上实习工作，以及实施双导师制度，以边学边做的方式，完成实践环节教学与考核的多维度考核。

（二）实习场所立体化

随船实习作为实践课程的突破点，要将实践课程扩大到海运企业、码头集团、国际贸易方、海事局等机关单位，设立相应的针对海商法专业的学生的“优才计划”，让学习突破四堵墙的藩篱，让知识与综合素质教育挂钩，培养学生航运产业的匠人精神和创新意识。今后要有计划有步骤地推进海峡两岸的学生的交流，尤其是和在水一隔的我国台湾地区某些航海类院校的合作。

也要和我们有合作关系的国外兄弟院校（英国南安普顿大学、斯旺西大学等）在实践类课程上有所突破。积极利用我校的实习船“育德”轮，寻找与对方合作的突破口，比如可以请对方院校的教师来协助指导上岸实习，也未尝不可以尝试。比如，2019年1月Tiger One船艇以26海里每小时的速度撞到英国伦敦泰晤士河的一个浮标，造成乘客、船员和船体一定损伤的案件。这个海事案例，即使在我校实习船上讲授，效果也不一定好，因为涉案船舶是搜充气式游艇，在泰晤士河里航行的，跟我国国内院校的实习船根本不是一个种类，船舶结构也是截然不同。那如果和英国高校有合作，对方派老师过来和同学们在船上沟通，那么他可以对比分析，游艇和散杂货船的不同，为什么游艇上应配有kill cord这种装置，再加上多媒体或者仿真技术，学生可以更为直观地理解海事事故调查的侧重点。

当然这个场所立体化，其实随着条件的成熟，要善于利用高科技手段实施海上实习机制，比如VR技术来虚拟随船学习，这样国外的老师或者部分特殊的学生就可以突破时空的束缚，共享教学资源。

（三）教学方法多元化

国际航运人才培养实践中，存在多种教学方法，如：案例教学法、任务驱动教学法、参观教学法、体验教学法等，案例教学法即通过案例分析和研究，来实现教学目的，涉海法律人才培养亦即通过诸多海事案例的分析和解读来把握国内外重大理论前沿热点和实践做法的过程。

任务驱动法教学强调事前给学生布置任务，以完成任务作为课程学习的目的，具有较强的功利性和针对性。而参观教学法和体验教学法在实践环节更容易凸现其应用价值，前者是指教师根据一定的教学内容和目的，选择具有典型教育功能的基地或场所，组织学生参观，并验证所学知识的一种教学方法。（颜宏亮、史久旭，2015）后者则一种实现学生在亲身体验过程中理解并建构知识，发展能力，产生情感，生成意义的教学观和教学形式。（颜宏亮、史久旭，2015）可见随船实习机制将现场参观船舶设备作为契机，选择具有功能性意义的船舶和海洋作为载体，以学生、教师和船舶操作人员、企业管理人员共同建构体具有教育意义的场所。

尽管如此，随船实习机制建构起移动的第二课堂，并不意味着仅仅采纳参观教学法和体验教学法，而是要将案例教学法和任务驱动教学法有机融入前者当中，也就是说，这四种方法是根据每一次上船的目的和任务的不同，有主有次、相辅相成的。

（四）后勤保障团队化

组织学生出海实习，牵涉主体众多，协调机制不易落实。设立随船实习的课程不仅与法学院直接相关，与航海学院、与“育德”轮直接主管单位有关，也与该实习船的承租人、具体航次的货方都有直接关系。需要负责老师提前做好沟通工作，校和学院的支持尤为重要。

因此，此处后勤保障并非狭义上的食堂等为教学科研背后的部门机关，而是以学生作为主体和服务对象，其他围绕学生及其上船实习工作而展开的所有人员和部门都归属于后勤保障团队。在这一段队中，各司其职，各就各位，树立以学生为中心的工作理念，将第二课堂落入实处。

具体而言，在团队协作理念下，主要有三个问题要注意落实。一是经费预算和报销。不仅上船实习交通餐饮等直接费用的开支如何获取需要有关部门的政策支持，而后期实际发生的费用如何结算，更主要的是首先上船实习的经费需要提前做预算。每一届本科生在确定入学人数起，就需要按人头落实每个人在大学期间将来发生的随船实习的费用。这最好有专人负责，账目明晰。

二是安全保障工作。隐患事前预防。实践环节容易出现意外，需要增加学生处、后勤等部门协助保障。新生入学就有入学体检，负责人应将学生的体检档案留存，在今后实际确定上船名单时将学生身体素质情况作为参考标准之一，防止有些带有潜在疾病不适宜上船的学生进入实习环节，以免发生不测。

三是培养带队教师职业技能。现在新情况新问题层出不穷，不断有新的航运技术、新的国际公约、新的实践挑战带给涉海法律人，因此，对于教师本人也需要不断充电，在以学生为本位的理念下，不断给教师提供教学资源加油站。

就教学技能方面而言，作为主讲教师在实践课程类课堂上，应当发挥与该场景符合的教学方式。比如：上船前给学生作好安全培训、布置实习任务，在船上充分配合船长/大副的现身说法，侧重引导和促进学生的专业知识和实践学习的构建活动，善于协调学生智慧的火花碰撞。就自身的专业知识储备方面而言，学校要鼓励老师成为双师型人才，老师自己也要充分运用科研与教学的活动，利用科研最新成果，反哺教学过程中，尤其不能忽略的是实践类课程，这远比纯科研活动更具有行业触角。

结 论

培养专业人才非一朝一夕即能达成，海洋之深邃和奥妙亦非顷刻即能弄清楚。涉海法律人才的培养，能够突破传统课堂的藩篱，向航海轮机专业学习，已是进步。故本课题所关注的随船实习机制这一研究对象，以集美大学法学院的海商法专业为样本，从实习机制设立的正当性基础、注意事项及其完善和展望为研究脉络，论证了集美大学海商法专业为代表的涉海人才应当得到更多的关心和投入，从财政、制度、人员等方面都予以全方位的保障，建立健全随船实习的运作机制，同时也寄托了课题组实现我国海洋强国的愿景。

法律硕士专业学位（涉外律师）研究生培养之体系解构*

◎丁亚琪**

摘　要：国际局势的持续性动荡、意识形态差异化的加剧和利益诉求的异质化，均催生着涉外法治的范式革新与工具优化，法律硕士专业学位（涉外律师）研究生培养则是因应此需求的重大制度创新，其有待进一步检视。法律硕士专业学位（涉外律师）研究生培养的体、用、道、术四层面存在着紧密关系，各要素之间相互依存。习近平涉外法治思想为核心之"体"引领了涉外律师人才培养的全局，延展出涉外律师复合型、应用型和国际型此这三层面"用"之具体维度。"道"则是在体用之涵摄范围下提炼的涉外律师培养的特色重心和价值偏好，是对法律英语和比较法研究的强调和重视，

---

* 本文为司法部国家法治与法学理论研究项目"'一带一路'倡议下涉外公共法律服务体系建设研究"的阶段成果之一（项目编号：19SFB2029）。

** 丁亚琪，法学博士，中国政法大学法律硕士学院讲师，硕士生导师。

进而在此层面上构建法律硕士专业学位（涉外律师）研究生培养方案之“术”。

关键词：涉外法治　法律硕士　专业学位（涉外律师）研究生培养　法律英语

一、问题的提出

近年来，国际局势的动荡性持续、意识形态的差异化加剧、利益诉求的异质化明显，催生着涉外法治的范式革新与工具优化。从国际局势一端视之，在国际社会呈现出多极化和多文明分散样态的当下，西方国家建立起一套以自己为核心的认知和评价体系，将文明标准作为施加在国际法律秩序之上的一套价值手段，并利用其在文明标准上的话语权和判定权，将其他多样性文明至于其单方设立的国际法和外交准则的体系框架约束之内。西方国家对于此文明标准垄断控制与片面阐述，导致了国际纷争的持续涌现和国际环境的不断恶化。[1] 从内生需求一端视之，随着经贸往来的日益频繁，国家和区域之间的摩擦也升级加剧。“百年变局和世纪疫情交织叠加，世界进入动荡变革期，不稳定性不确定性显著上升”，[2] 如何为不良事态提供充分的事前预防与事后救济手段，减少国际交流贸易中的摩擦风险，促进我国经济行稳致远地前行，是因应现实需求的重要课题。习近平总书记在中央全面依法治国工作会议上强调了“坚持统筹推进国内法治

---

〔1〕 韩逸畴：《从欧洲中心主义到全球文明——国际法中“文明标准”概念的起源、流变与现代性反思》，载《清华大学学报（哲学社会科学版）》2020年第5期。

〔2〕 习近平：《同舟共济克时艰，命运与共创未来——在博鳌亚洲论坛2021年年会开幕式上的视频主旨演讲》，载《人民日报》2021年4月21日，第2版。

和涉外法治”和“坚持建设德才兼备的高素质法治工作队伍”[1]并通过战略布局涉外法治工作，协调国内外治理，综合立法、执法、司法等手段，对涉外法治进行推进和落实，正是对于百年未有之大变局和构建人类命运共同体的有力回应。

涉外法治的推进和落实，离不开涉外法治人才的培养。人才的培养是国家和民族长远发展的大计，[2]是全面建设社会主义现代化强国的具体落实，是社会主义法治建设的底层逻辑。而我国涉外法治和人才强国战略的实施掣肘于涉外法治人才的欠缺。涉外律师的主要工作内容包括处理WTO争端解决；为我国企业跨境重组与并购提供法律支持；国内外反补贴、反倾销、保障措施调查等领域，[3]而我国涉外律师业务领域仅仅局限在跨境投融资和特定民商事诉讼与仲裁等方向，[4]且数量仅占全国律师总数的1.8%，[5]为应对涉外法律人才的匮乏困境，应建立涉外法治专业人才培养的长效性机制，稳步推进涉外法治专业人才的培养。[6]

早在2011年，教育部和中央政法委在《关于实施卓越法律

---

〔1〕 习近平：《坚定不移走中国特色社会主义法治道路 为全面建设社会主义现代化国家提供有力法治保障》，载《求是》2021年第5期。

〔2〕 习近平：《深入实施新时代人才强国战略加快建设世界重要人才中心和创新高地》，载《求是》2021年第24期。

〔3〕 赵勇等：《涉外律师人才培养的现状及思考》，载《中国司法》2020年第8期。

〔4〕 参见《司法部公布全国千名涉外律师人才名单》，载司法部政府网：http://www.moj.gov.cn/pub/sfbgw/zwxxgk/fdzdgknr/fdzdgknrtzwj/201903/t20190321_207790.html，最后访问日期：2022年7月5日。

〔5〕 吴晓锋、战海峰：《改进LEC证书考试 推进涉外法治人才培养——涉外法治专业人才考量标准研讨会在渝举行》，载《法制日报》2019年5月29日。

〔6〕 张法连、李文龙：《我国涉外法治专业人才培养体系构建研究》，载《语言与法律研究》2019年第1期。

人才教育培养计划的若干意见》中便将提出要“培养一批具有国际视野、通晓国际规则，能够参与国际法律事务和维护国家利益的涉外法律人才”。随后出台的《中共中央关于全面推进依法治国若干重大问题的决定》和《关于坚持德法兼修，实施卓越法治人才教育培养计划 2.0 的意见》，都将培育通晓国际规则、具备国际格局、参与国际法律事务、推动国际治理规则变革的涉外人才作为工作的重心。2019 年习近平总书记在中央全面依法治国委员会第二次会议中首次提出要培养“涉外法治专业人才”。在一系列政策的推动下，我国涉外法治人才培育已初见功效，但由于前述政策培养周期长、目标层次不一，“一专多能”具备核心法学素养、应对复杂法律关系的专业涉外律师人才仍然匮乏，各类国际组织中中国法律人才数量偏低。[1] 鉴于涉外法律工作的复杂性和专业性，2021 年教育部学位管理与研究生教育司、司法部律师工作局联合发布了《关于实施法律硕士专业学位（涉外律师）研究生培养项目的通知》（以下简称《培养通知》），对涉外律师人才的培养做出战略性部署，成为应用型、复合型涉外法律职业人才培养的切入点。

法律硕士专业学位（涉外律师）研究生培养项目已经历了两年的运作，但有关此人才培养项目的研究仍比较匮乏。霍布斯曾言，在我们能够认识整个复合物之前，必须认识那些被复合的事物，盖因只有通过它的组成要素，才能更好地对其了解。[2] 整体主义研究范式寻求的是事物间概括的最大公约数，个体特性在一

---

〔1〕 黄进：《完善法学学科体系，创新涉外法治人才培养机制》，载《国际法研究》2020 年第 3 期。

〔2〕 See Thomas Hobbes: The English Works of Thomas Hobbes, ed. By Sir W. Molesworth, London, Vol. II, p. 14.

定程度上被压抑，只见森林不见树木式研究方法导致具象层面的问题被遮蔽和掩盖，故通过体系解构法律硕士专业学位（涉外律师）研究生培养项目，从体、用、道、术四个层面剖析此培养项目的筋骨脉络，检视法律硕士专业学位（涉外律师）研究生培养的内核和外效，以期助益于涉外法律人才的培养。

二、法律硕士专业学位（涉外律师）研究生培养之“体”与“用”

“体”与“用”作为中国传统哲学的一对范畴，前者是根本性的、第一性的，是事物内在的本体；而后者是从属性的、第二性的，是事物外在的表象。体用合一构筑了事物的内在逻辑和架构体系。作为统领全局的习近平涉外法治思想为法律硕士专业学位（涉外律师）研究生培养之“体”，在这一基础和象限下，形成了涉外律师培养的复合型、应用型和国际型三个维度之“用”。

（一）“体”：习近平涉外法治思想的引领作用

法律硕士专业学位（涉外律师）研究生培养的底层性逻辑和基石性根本是具有坚实思想根基和厚重文化积淀的习近平涉外法治思想。涉外法治作为法治理念在涉外领域的展现，[1] 是我国涉外法律实践的整体性思考和体系化构建，是引领涉外律师研究生培养的星火和旗帜。

涉外法治是当下中国法律领域内的新兴概念，是在实践中生成的、经由政治力量推动的、进而从实践到理论的前沿焦点。[2]

---

〔1〕 何志鹏、崔鹏：《涉外法治：应对海外投资法律风险的良方》，载《国际经济法学刊》2022年第3期。

〔2〕 何志鹏：《涉外法治：开放发展的规范导向》，载《政法论坛》2021年第5期。

学界对于涉外法治的核心意涵有不同的解读方式。[1]有学者从涉外法律关系的法律构成角度对涉外法治进行了定义，认为涉外法治的内涵分析需要首先从法理上明确涉外法治工作解决的主要问题，进而构建其理论框架、安排涉外法治工作。[2] 也有学者直接将其定义为“涉外法治是法治的思想、理念、文化、实践在涉外工作和生活各领域、方面、环节中的展开，体现为涉外工作确立并实施明确的实体法律标准、形成并坚持妥当法律程序的体系和进程。”[3] 有观点还从补短板和强弱项两个维度来论述涉外法治概念。[4] 舍此之外，有学者从价值观、方法论和战略观三方面认为习近平涉外法治思想是一种国家利益本位和人类命运共同体的价值观，是实行法治的方法论，也是统筹协调的战略观。[5] 还有学者从涉外与法治两个向度去理解其内涵，厘定涉外中的外部包含的范畴和法治的具体结构。[6] 故涉外法治是一个内涵丰富和外延明晰的概念体系。涉外法治与国内法治共同构成了中国特色社会主义法治体系的“鸟之两翼、车之两轮”，是习近平法治思想核心要义的体现。[7]

---

〔1〕 有关涉外法治的意涵还体现在下述研究中，黄进、鲁洋：《习近平法治思想的国际法治意涵》，载《政法论坛》2021 年第 3 期；王瀚：《涉外法治人才培养和涉外法治设》，载《法学教育研究》2021 年第 1 期等。

〔2〕 莫纪宏：《加强涉外法治体系建设是重大的法学理论命题》，载《探索与争鸣》2020 年第 12 期。

〔3〕 何志鹏：《涉外法治：开放发展的规范导向》，载《政法论坛》2021 年第 5 期。

〔4〕 张文显：《习近平法治思想的理论体系》，载《法制与社会发展》2021 年第 1 期。

〔5〕 郭雳：《新时代国际法律风险应对与全球治理推进》，载《国际法学》2021 年第 4 期。

〔6〕 何志鹏、崔鹏：《涉外法治：应对海外投资法律风险的良方》，载《国际经济法学刊》2022 年第 3 期。

〔7〕 曾令良：《国际法治与中国法治建设》，载《中国社会科学》2015 年第 10 期。

涉外法治作为国家战略发展的涉外拓展，不仅关涉国际法治的引进来，更关涉本土法治的走出去，对于涉外法治具体面向的透彻理解和深刻把握决定了我国涉外法治建设的成败。此有机统一的法治价值体系的构建应当以高素质涉外法治人才的培养为抓手，从高校学科建设和人才培养处发力。涉外法治人才的培养是一项基础性、先导性、全局性、战略性的工程，是我国对外交往和经贸投资的根本性保障。从国际法治引进来角度视之，国际视野、外语能力、法律素养均为不可或缺的条件。识别和应对法律风险需要有较为强大的理论根基和实践经验，仅仅依赖对于特定律师群体的培训并不足够，需要在培养之初便从此三层面入手，固本培元地打好涉外律师的基础，进而以深厚的内力应对将来实务工作中纷繁复杂的境况。舍此之外，国家法治的本土化也需要深谙比较法研究的特点和规律，从功能主义进路去进行法律的比较和移植，所以也需要在进行各部门法基础学习时便打好比较法的根基，进行系统的培养方案的设置和规划。从本土法治的走出去角度视之，一个国家只有通过参与全球规则的制定和修缮，方可将本国的政治关切和国家利益转化为国际制度，将本国的理性诉求和经贸边界体现在国际层面，在世界秩序中表达本国声音、阐述本国立场、维护本国利益，贡献本国力量。〔1〕所以，坚定的政治信念、熟稔的法律运用、博大的国际视野是我国法治人才培育的重点，也是法律硕士专业学位（涉外律师）研究生培养的应有之义。

（二）“用”：涉外律师的三个维度

中国政法大学律硕士专业学位（涉外律师）研究生培养方案

---

〔1〕 何志鹏：《涉外法治：开放发展的规范导向》，载《政法论坛》2021年第5期。

中便明确指出："法律硕士（涉外律师）是为国家涉外部门、相关法律服务机构和大型企事业单位培养法学功底扎实、职业素养深厚、通晓国际规则，具有跨文化交往能力和处理涉外法律事务能力的懂政治、精外语、国际视野开阔的高层次复合型、应用型、国际型涉外法律职业人才。"此复合型、应用型和国际型三个维度便是对习近平涉外法治思想的践行和落实，回应了新时代习近平涉外法治思想的要求和新格局下涉外律师人才需求的呼声。

首先，涉外律师研究生项目培养的是复合型涉外法治人才。纷繁复杂的涉外法律工作要求涉外法治专业人才必须要专业化和复合化，要达到"一专多能"的培养目标。"一专"是指法学核心素养的精专，涉外律师培养的根基在于法律专业素养的培育。法律硕士专业学位（涉外律师）研究生本科为非法本专业，如何在三年的硕士研究生期间通过基础课程和强化课程的配合，涵养法治思维和法学根系，是此"一专"的发展方向。[1]"多能"不仅指法律专业技能的纵向深入，更指法律技能之外其他技能的横向延展。法律硕士研究生在此层面具有得天独厚的优势，鉴于其非法本的专业学术背景，经管类、理工类、语言类等专业都可以找到契合的部门法方向，从而兼顾共性与个性，多样化、差异化地实现个体的竞争优势与业务特长。作为一种高层次的法律人才，涉外律师在具备良好的政治能力修养和职业道德素养的基础上，应掌握过硬的法律理基础论和法律实践能力，并结合良好的语言能力和非法学专业能力，构建一体三面的复合型人才。

〔1〕 张法连、李文龙：《我国涉外法治专业人才培养体系构建研究》，载《语言与法律研究》2019 年第 1 期。

其次，涉外律师研究生项目培养的是应用型涉外法治人才。应用型人才一直是法律硕士的培养目标，业已形成“法律术语、知识、技术、方法、思维和伦理”的职业素养体系。[1] 此硕士专业学位研究生培养项目的目标是涉外律师，这就决定了其人才输出口径和方向一定是以实务方向为主。涉外律师工作涉及涉外法律服务的方方面面，在私法层面，随着求学、就业、移民、投融资等领域国际化趋势的不断加强，切实有效维护我国公民、企业的合法权益，是涉外律师的重要工作内容之一。在公法层面，国际规则的运用与实践、国家安全的保障与调和、人权内容的践行和保护，均需要涉外律师的参与。在涉外律师研究生培养方案的培养目标中，一般都会明确若干具体要求，比如通晓相关法域法律制度和基本诉讼程序；具备从事相关非诉业务的实务能力和素养；熟悉国际仲裁、诉讼等业务流程；进行法律检索、撰写法律文书；解决法律实务问题的能力等。加上专业实习的培养要求，学生有机会将理论所学运用于涉外法律实践中，通过真实案件的接触和办理，提升自己独立探索、有效解决问题的能力，为应用型涉外法治人才夯实基础。

最后，涉外律师研究生项目培养的是国际型涉外法治人才。涉外律师有别于其他职业律师的最重要层面在于其国际性。如上所言，涉外律师需要处理众多涉外法律工作，其国际性不仅体现在对于国际新贸易规则和营商环境规则的掌握，更也在于具体案件中国别法的掌握和运用。故除国际公法、国际私法、国际经济法等国际方向法律专业知识外，涉外律师培养方案也设置了国际

---

[1] 王跃、林曦：《法律硕士应用型人才的培养路径研究——以专业学位分方向培养为观察视角》，载《法学教育研究》2021年第4期。

关系基础、国际商务谈判、国际冲突与危机管理、国际法院与仲裁组织非法学双语课程，加强对于国际关系和局势的了解，并且格外重视对于法律英语的学习和掌握，在课程设置上也进行了相应的侧重和加强，重视法律英语课程的基础性先导作用，培养“精英明法”的涉外法治人才。[1]

三、法律硕士专业学位（涉外律师）研究生培养之“道”与“术”

如果说“体”与“用”作为抽象层面的宏观涵摄，“道”与“术”就是微观层面的具象体现。“道”是方法论，教学理念、规律和原则，是法律硕士专业学位（涉外律师）研究生培养最为核心的本原，是区别于其他法律硕士培养的特色和重心。“术”是实践论，是教学方法、策略和工具，是践行法律硕士专业学位（涉外律师）研究生培养的具体方案和路径。

（一）“道”：法律硕士专业学位（涉外律师）研究生培养的重心

法律硕士研究生的培养有其固有的规律和特色，扎实的法学理论功底和过硬的法律技能是法律硕士的基本根基。而涉外律师方向的法律硕士除需要具备一般法律硕士所需要的基本素质和核心技能外，还应对法律英语和比较法的学习进行突出强调和重视，加固法律硕士专业学位（涉外律师）研究生培养的重心。

首先，涉外法治下的涉外律师之核心要义是法律英语素养的

---

〔1〕 李建忠：《论高校涉外法律人才培养机制的完善》，载《浙江理工大学学报（社会科学版）》2017年第4期。

体现。“不知别国语言者，对自己的语言便也一无所知。”〔1〕法律通过语言来进行规则的表述，以语言为行使的依托，从而发挥法律的功效，调整社会关系，法律语言是维护司法和社会公正的载体，也是承载法律文化的主体和透视法律文化的镜子。〔2〕法律语言的理解和适用，事关涉外法律的运用。有学者曾指出在涉外案件的处理层面，本土律师较国际律师的劣势并不在于法律专业素养，而在于法律英语语言技能的运用，〔3〕因此涉外律师培养必须加强法律英语技能这一核心素养的培养。法律英语是在普通英语的基础之上，由经立法和司法形成的具有法律专业特色和特定内涵语境的语言，是英美法系等国家进行法律概念的表述和法律实务处理的法律语言。〔4〕法律英语是涉外工作不可或缺的必备技能和语言媒介。一是，我国法律体系中的涉外规则和国际规则，甚至部分本土规则，都是借鉴和舶来的产物。我国大陆法系的传统致使在法学教育上更侧重于德国、日本等大陆法系国家的借鉴，而对英美法系中的制度研习不足，而当前的许多国际规则是以英美法系法律内容作为基础和承载，国际经贸纠纷的解决则仰赖于英美法系中规则体系的掌握，英美法的时代意义仍然彰显于今天，〔5〕能否掌握法律英语，理解第一手文献和资料，是决定法律理解和吸收利用率的重要因素。良好的法律英语能力是掌

---

〔1〕［德］K·茨威格特、H·克茨：《比较法总论》，潘汉典等译，法律出版社2004年版，第1页。

〔2〕张法连：《中西法律语言与文化对比研究》，北京大学出版社2017年版，第1页。

〔3〕冷帅等：《中国涉外法律服务业探析（上）》，载《中国律师》2017年第5期。

〔4〕张法连：《法律英语学科定位研究》，载《中国外语》2019年第2期。

〔5〕马剑银：《英美法在近代中国：1840—1949——过程与影响》，载《外国法制史研究》2012年第0期。

握英美法系法律体系、裁判规则的基础。二是，阅读分析案件事实、谈判沟通以及法律文书的撰写都对涉外律师的英语能力进行着考验，而法律英语由于其自身的专业性和准确性等特定，导致其在用词、语法、句式、语篇上都显著异于一般英语，失之毫厘谬以千里的运用则可能导致案件的功败垂成。故在应用层面，法律英语能力决定了一国涉外律师的辩护实效和能力边界。

其次，涉外法治下的涉外律师之核心要义也是比较法研究素养的体现。比较法是指以法律为对象，以比较为内容的不同国家法律秩序的相互比较，即包括法律秩序的精神和样式，也包括运用的思想方法和操作方法。〔1〕通过比较研究，可以更深刻地认识事物本体和发展趋势。英美法的高歌猛进和攻城略地尚未停歇，有学者指出美国法全球化成为法律全球化的主旋律，侵蚀了大陆法系的相关领地，影响了包括欧盟在内的其他法域的发展，改变了世界法律体系的格局。〔2〕 故比较法研究进路对于涉外律师格外重要。习近平总书记考察中国政法大学时就法治人才培训下的法学学科体系建设进行了强调，提出我们自身的历史文化、体制机制、国情和国家治理读呈现出中国特色的特殊性和复杂性，"要以我为主、兼收并蓄、突出特色……努力以中国智慧、中国实践为世界法治文明建设做出贡献。对世界上的优秀法治文明成果，要积极吸收借鉴，也要加以甄别，有选择地吸收和转化，不能囫囵吞枣、照搬照抄。"〔3〕 故应当在坚持制度自信基础上，在

〔1〕 ［德］K·茨威格特、H·克茨：《比较法总论》，潘汉典等译，法律出版社 2004 年版，第 6 页。

〔2〕 高鸿钧：《认真对待英美法》，载《清华法学》2010 年第 6 期。

〔3〕 《习近平在中国政法大学考察》，载新华网：http：//www.xinhuanet.com/2017-05/03/c_1120913310.htm，最后访问日期：2022 年 7 月 5 日。

功能主义进路下熟练运用比较法研究方法，不仅可以加深对本土法律秩序的理解，引导合理的反省与批判，更可以知彼知己，提升对于涉外法律制度和规则的理解与适用。

（二）“术”：法律硕士专业学位（涉外律师）研究生培养方案

“术”作为是实践论，是法律硕士专业学位（涉外律师）研究生培养的具体方案和路径，通过在课程设置、培养模式、教学计划与学分要求等层面进行具体的开展和设计，从而体现高校培养涉外人才路径的实践和多层次分类培养目标体系的探索。

各高校在以法律硕士专业学位（涉外律师）研究生培养上会依据本校的特色与优势，进行不同的课程设置和指导性培养方案的拟定。以中国政法大学为例，在专业方向上，开设了国际营商环境和世界新贸易规则体系两大方向，并通过学院与行业联合培养、校内导师与校外导师、国内交流与国际交流等双向机制进行培养方式的创新。为了加快与实务的对接，减少涉外律师研究生进行法律实务的适应磨合时间，培养方案还在第四学期安排了以集中实习为主、自主实习为辅的专业实习，以强化涉外律师的实践性和专业性维度。在课程设置上，分为了五大模块：学位公共课程；专业必修课程；专业选修课程；专业方向课程和实践教学与训练课程。每学期通过对这五大模块相应课程的合理配置和布局，实现法律硕士专业学位（涉外律师）研究生培养之课程体系的优化。

从培养方案的具体设置来看，从研一上学期到研二下学期的四学期课程中，涵摄了民商、刑事、宪法、国际公法、国际私法、国际经济法等国内主要部门法的课程，同时也设置了国际关系基础、国际商务谈判、国际冲突与危机管理、国际法院与仲裁组织非法学双语课程，不仅可以帮助学生系统地掌握国内法律专业知识和相关跨学科知识，更可以高屋建瓴地熟悉世界体系相关规则、明晰国际冲突的处理与救济。在课程设置上，不仅有实体法，也有涉及诉讼与仲裁的程序法，以便帮助学生更好地了解国际诉讼、仲裁程序，熟稔游戏规则。再者，综合法律英语、涉外法律诊所、涉外律师实务、涉外法律谈判、涉外文献与检索等课程的开设，也有助于提升学生运用外语撰写法律文书、处理法律实务的能力。研一下学期将会进行国际营商环境和世界新贸易规则体系两大方向的分流和选择。国际营商环境方向的主要课程包括国际营商环境法治总论、国际金融法与国际金融监管、国际投资与跨境贸易规则、贸易合规与救济、商业犯罪和刑事合规等一系列有侧重、有方向、有特色的系列课程。世界新贸易规则体系方向的主要课程包括公平竞争法与反垄断审查规则、国际劳工与人权法、国际环境保护法、国际知识产权保护法、国际规则制定与应用等课程，通过校内校外丰富的师资力量和资源力量来支撑此系列前沿课程的开展，真正实现了课程设置的合理化、前沿化、实务化、国际化。在法律外语层面，除了专业必修课综合法律英语（一）（二）之外，还有日语、德语、法语、俄语、西班牙语、意大利语等小语种的法律外语作为专业选修课供学生选择，而且加大了双语授课的课程比例，极大提升学生的语言能力。舍此之外，还有一系列前沿新颖的专业选修课，例如区块链与数字货币法律问题、美国纠纷解决机制等课程，丰富了培养方案的多样化和多元化。

通过对法律硕士专业学位（涉外律师）研究生培养方案的分

析，可以看到针对涉外律师设置的课程体系鲜明地体现了习近平涉外法治思想引领下的涉外律师复合型、应用型和国际型这三个具体维度，也体现了对于法律英语和比较法研究的强调和重视，但仍然存在着如下几个层面的问题。一是涉外法律人才培养是一个长期性和体系性的工程，而培养方案在设置上囿于授课时间和学分设置的限制，没有实现知识体系的国际化。除了国际公法、国际私法、国际经济法等主干课程外，并对于国际法分支课程以及与涉外法治紧密相关的英美法系相应课程开设不足，仅有一门美国法通论，这与涉外律师所需具备的法律素养形成了鲜明的对比。且在专业方向课程的设置较为零散，课程之间的衔接和配合体现不足，无法形成完整有序的知识体系闭环，故应该做好课程之间的体系性和关联性设计，实现主干核心课程和技能辅助课程之间的相互配合。二是培养模式相对滞后，亟待培养模式的创新。受传统教育体系和教育理念的影响，涉外律师的现有培养仍然沿循传统路径，以讲授和研讨为主，虽开设了一些实训类课程，但效果有限。故针对特定的课程，可采用“多师同堂”“分组对抗”“演示+讨论+点评”的授课模式进行课堂学习和交流。[1]

四、结语

法律硕士专业学位（涉外律师）研究生培养是世界百年未有之大变局下我国涉外法治建设的重大举措，对于校准和调整我国在国际舞台上的定位和角色，应对全球性的和平与发展困境，具

〔1〕 王跃、林曦：《法律硕士应用型人才的培养路径研究——以专业学位分方向培养为观察视角》，载《法学教育研究》2021年第4期。

有重要的意义。法律硕士专业学位（涉外律师）研究生培养的体、用、道、术四个层面存在着紧密关系，各要素之间是相互依存和作用的，割裂对待将会导致机械认识的误区。以习近平涉外法治思想为核心之“体”起着统合涉外律师人才培养的概括和引领作用；“用”则是涉外律师复合型、应用型和国际型这三个具体维度，此为对习近平涉外法治思想的践行和落实，具有普遍性、指向性和统领性。而“道”则是在体用之涵摄范围下提炼的涉外律师培养的特色重心和价值偏好，是对法律英语和比较法研究的强调和重视，进而在此层面上，展开对于“术”，即法律硕士专业学位（涉外律师）研究生培养方案的分析与检视。涉外律师方向研究生培养仅仅是涉外法治人才的开端和起点，并非全部和终点，亦非涉外法治建设唯一的良方善治。“来而不可失者，时也。蹈而不可失者，机也”。把握世界发展之势，因势利导构建我国涉外人才培养体系，是习近平涉外法治思想和人才培养的应有之义。

法学硕士研究生专业实习的效果提升研究

——以西南政法大学法学院为样本*

◎张吉喜　夏　青**

摘　要： 西南政法大学法学院一直关注专业实习在法学硕士研究生培养中的重要作用。在明确法学硕士研究生专业实习目标的基础上，学院通过调查，梳理出了制约专业实习效果的主要问题，包括实习岗位难以满足需求、学生选择实习单位时信息不对称、专业与岗位不对口、部分实习单位对专业实习重视不够、带队老师职责不明、学生缺乏问题意识、学院不能及时掌握学生的实习情况、相关激励机制不足等。针对这些问题，学院

---

* 本文系2019年重庆市研究生教育教学改革研究重点项目“法学硕士研究生‘四位一体’科研创新训练模式的实践与探索”和2018年西南政法大学研究生教育教学改革研究重点项目“法学硕士研究生专业实习的效果提升研究”的资助成果。

** 张吉喜，西南政法大学刑事司法实证研究中心教授，法学博士。夏青，西南政法大学刑事司法实证研究中心研究人员，硕士研究生。

采取了具有针对性的措施，改进专业实习方案。通过推行改进后的专业实习方案，学生的实习满意度、实证研究水平和学位论文质量得到了提高，学生的实务经验和职业技能得到了提升，学生的就业选择更加理性、多样。

关键词：法学硕士研究生 专业实习 效果提升

法律的生命在于经验。法律的实践性决定着法学教育中实践教学的重要价值。习近平总书记2017年5月3日在考察中国政法大学时专门提出，“法学学科是实践性很强的学科，法学教育要处理好知识教学和实践教学的关系。要打破高校和社会之间的体制壁垒，将实际工作部门的优质实践教学资源引进高校，加强法学教育、法学研究工作者和法治实际工作者之间的交流。”习近平总书记还形象地把高校称为“法治人才培养的第一阵地”。[1]教育部高校法学类专业教指委主任委员徐显明教授在谈及法治人才的培养模式时，认为“总书记在视察中国政法大学时所说的，高校是法学人才培养的第一阵地。第二阵地是哪里？第二阵地就是司法实务部门的法院检察院，要发挥第二阵地的作用。让法院检察院联合高校共同培养学生，形成新的协同机制。”[2] 2011年，教育部、中央政法委员会发布了《关于实施卓越法律人才教育培养计划的若干意见》和2018年，教育部、中央政法委发布了《关于坚持德法兼修实施卓越法治人才教育培养计划2.0的意见》也都一致强调实践教学在培养卓越法律人才中的重要地位，

〔1〕《习近平在中国政法大学考察时强调：立德树人德法兼修抓好法治人才培养 励志勤学刻苦磨炼促进青年成长进步》，载《人民日报》2017年5月4日，第1版。

〔2〕《徐显明谈“新文科”建设与卓越法治人才培养》，载 https://sd.china.com/jyzx/20000946/20201106/25371399_2.html，最后访问日期：2022年5月2日。

要求切实提高实践教学的质量和效果。

西南政法大学法学院有着重视实践教学的优良传统，尤其是重视发挥专业实习在培养卓越法律人才中的重要作用。就法学硕士研究生而言，专业实习一直是法学硕士研究生培养的必修环节。多年来，我院法学硕士研究生的专业实习以集中实习为原则，分散实习为例外。法学硕士研究生的集中实习安排在第4学期进行（也称为春季研究生专业实习），实习时间不少于3个月。集中实习原则上由学院统一安排在学校的教学科研实践基地进行。分散实习由研究生自行联系实习单位进行，实习期限也不得少于3个月。在多年来的研究生专业实习工作中，我院既取得了丰富的经验，也遇到了一定的问题。我们于2018年开始梳理法学硕士研究生专业实习存在的问题，并以提升法学硕士研究生专业实习的效果为目标，拟定解决问题的方案。从2019年开始，我院在法学硕士研究生专业实习中推行新的方案，并在适用中不断完善。[1] 本文将从探讨法学硕士研究生专业实习的目标出发，阐述制约专业实习效果的问题，展现解决问题的方案，考察专业实习的效果提升情况，以求教于兄弟院校。

一、法学硕士研究生专业实习的目标

探讨法学硕士研究生的专业实习问题必须首先明确法学硕士研究生专业实习的目标。只有明确法学硕士研究生专业实习的目标，才能够有针对性地评判法学硕士研究生专业实习的效果、设置法学硕士研究生专业实习的方案。

---

〔1〕 需要说明的是受新冠疫情影响，2020年法学硕士研究生没有进行专业实习，而是采用了替代方案，因此下文没有将2021届法学硕士研究生纳入考察范围。

首先，法学硕士研究生专业实习的目标有别于法律专业学位硕士研究生专业实习的目标。法学硕士研究生属于学术学位研究生，法律专业学位硕士研究生属于专业学位研究生，二者适用不同的培养方案和培养模式。[1] 学术学位是一种以学术研究为导向的学位，我国设立法学硕士学位的初衷是为了培养从事法学教育和法学研究的专门人才，[2] 因此，对法学硕士研究生的培养需要专注于特定的研究方向，对理论水平的要求更高。与学术学位不同，专业学位是一种以培养高端职业人才为导向的学位，我国设立法律专业硕士学位的初衷是为了培养面向实务部分和相关岗位的高层次法律专业人才与管理人才，因此对法律专业学位硕士研究生的培养更强调应用性、复合性。与此相对应，法学硕士研究生的专业实习关注通过将理论知识运用于实践，从而对理论、实践进行反思，发现、研究并解决理论和实践中存在的问题。这一过程体现为“理论—实践—理论”，即将理论运用到实践，实践又反哺理论。法律专业学位硕士研究生的专业实习则更关注将理论知识运用于实践，这一过程体现为“理论—实践”，最终落脚点是实践技能的提升。

其次，法学硕士研究生专业实习的目标也区别于法学本科生专业实习的目标。法学本科学生在专业实习时往往还不具备完整的理论知识体系，专业实习一般是他们第一次接触法律实务，因此，法学本科生的专业实习注重的是使学生接触实践、了解实践、获得一定的职业技能，并通过实践巩固和加深对法学理论知

---

〔1〕 赖早兴、贾健：《法律硕士（法学）和法学硕士研究生分类培养研究》，载《河南警察学院学报》2016 年第 4 期。

〔2〕 胡加祥：《法学硕士研究化 法律硕士专门化——我国法学专业研究生培养模式刍议》，载《学位与研究生教育》2008 年第 2 期。

识的理解和对具体法律规则的把握。[1] 而法学硕士研究生几乎都经历过本科阶段的实习，其研究生阶段的专业实习不仅仅是本科阶段实习在时间上的延长，更是质量上的提升。法学硕士研究生都有自己的研究领域，对该领域都形成了较为完整的理论体系，并在此基础上产生了自己对相关问题的困惑，在这一基础上开展的专业实习，能够发现理论和实践中的“真问题”。因此，专业实习是法学硕士研究生进一步提升自己研究能力和专业水平的重要契机。

另外，我院确定法学硕士研究生专业实习的目标时还考虑了如下因素：第一，将专业实习与法学硕士研究生的学位论文选题相结合。各专业法学硕士研究生的培养方案要求在第4学期完成法学硕士研究生的学位论文开题工作，即在学生专业实习结束返校后随即进行学位论文开题。之所以在专业实习和学位论文开题的时间上做出这样的安排，是为了让学生充分利用专业实习的机会去发现问题，进行调研，在此基础上确定学位论文选题，确保选题的理论和实践意义。第二，将专业实习与就业方向的选择相结合。除了少数选择攻读博士学位的法学硕士研究生之外，其他法学硕士研究生都需要在毕业后就业，专业实习能够向让学生尽可能多地了解到相关行业、岗位的工作角色和工作职责，以帮助学生明确未来的就业方向，为就业作准备。综合考虑上述因素，我院将法学硕士研究生专业实习的核心目标具体确定为：①将理论运用于实践，加深对理论的理解和对实践的认识；②积累实务经验，训练职业技能；③发现问题，进行调研，确定学位论文选

[1] 唐力、刘有东：《反思与改革：法学本科实践教学创新模式研究——以法律职业教育为视角的一种思考》，载《西南政法大学学报》2010年第2期。

题，提升学位论文质量；④了解相关单位和岗位的实际情况，为自己的就业确立方向。

二、制约法学硕士研究生专业实习效果的问题

我们通过访谈、问卷调查、召开座谈会等形式对参加了 2017 年和 2018 年春季研究生专业实习的法学硕士研究生进行了调查。通过调查，我们梳理出了制约专业实习效果的主要问题。详述如下：

（一）教学科研实践基地的有限性难以满足学生的多元化需求

法学院联系紧密的教学科研实践基地主要是重庆、广东、浙江和江苏等地的法院、检察院和律师事务所，其中以法院和检察院为主。通过调查，我们发现，学生的实习需求呈多元化样态分布。一是，有些学生的学术研究兴趣浓厚，有志于继续攻读博士学位，希望有研究型的实习岗位。二是，有些学生计划未来从事律师职业，希望到律师事务所实习。三是，有些学生计划毕业后到企业去做法务工作，希望到企业去实习。四是，有些学生计划回原籍就业，希望回到原籍地的单位实习，为就业做准备。五是，有些学生已经确定了毕业论文选题，希望到宜于收集相关实证资料和对毕业论文进行调研的单位去实习。

由此，教学科研实践基地的有限性与同学们实习的多元化需求之间就呈现出了显著矛盾。一是，教学科研实践基地提供的全部是实践型的实习岗位，没有专门的研究型实习岗位。原因在于，一方面，各单位的办案压力总是来源于实务部门，资源的供给矛盾总是在实务部门更为突出；另一方面，研究型岗位对工作

人员的理论水平要求更严格，法学硕士研究生的水平参差不齐，很多学生难以满足研究型岗位的工作需要。二是，教学科研实践基地中律师事务所和企业单位较少。造成这种现象的原因是，学校对于建立教学科研实践基地的要求十分严格，尤其是出于对学生安全和生活便利的考虑，重庆主城之外的教学科研实践基地均需要为实习的学生提供食宿，一般的律师事务所和企业难以符合上述要求。三是，很多学生的原籍地都没有我校的教学科研实践基地。这是一个长期存在且难以彻底解决的问题。原因在于，学生的生源地较为分散，学校有限的教学科研实践基地没有办法覆盖到每一个生源地。

（二）信息不对称，学生“盲选”引发心理落差

正确的选择需要基于对被选择对象的充分了解，信息对称是双向选择的基本前提。在以往选择实习单位时，学生只是根据实习单位名录进行选择，学生不了解实习单位的实习岗位设置、实习补助、居住条件、办公条件等方面的情况。在实习开始后，有的学生反映自己所在的实习单位在实习岗位、实习补助、居住条件、办公条件等方面与自己的预期不相符；也有学生提出，在实习补助、居住条件、办公条件等方面，自己所在的实习单位与同批次的其他实习单位相比存在较大差异，甚至有同学因此而认为自己受到了不平等待遇，这在一定程度上影响了其对待实习的态度。

（三）专业方向与实习岗位不对口

我院法学硕士研究生的专业方向包括刑法学、刑事诉讼法学

和民事诉讼法学，[1] 对应的实习岗位是刑事业务岗位和民事业务岗位。据统计，在以往的专业实习中，约有30%的同学的实习岗位与其所学专业方向不对口，其中，刑法学和刑事诉讼法学硕士研究生在这方面的问题尤为突出。刑法学和刑事诉讼法学硕士研究生的总数约为民事诉讼法学硕士研究生总数的三倍，也就是说，专业实习中所需要的刑事业务岗位的数量约为民事业务岗位数量的三倍。但是实习单位的民事检察、审判岗位往往有更大的办案压力，需要更多的辅助人员，对实习生的需求更大；相反，刑事检察、审判岗位的办案压力则相对较小，需要的辅助人员较少，对实习生的需求也较小。因此，刑事业务岗位总是出现“供不应求”的现象，这就造成了我院部分刑法学和刑事诉讼法学硕士研究生被安排到民事业务岗位进行专业实习。照此，可能会挫伤部分学生对专业实习的积极性，从而影响实习效果。

（四）部分实习单位对专业实习的重视程度不够

各实习单位，尤其是学校的教学科研实践基地虽然都对研究生专业实习持十分欢迎的态度，但是仍然存在部分实习单位对专业实习的重视程度不够的问题，这些单位没有从人才培养的高度关注学生实务技能和调研能力的提升，而只将实习生当作“帮忙干活的”一般人员。通过调查发现，部分单位“不重视”学生实习具体表现为：不安排或很少安排任务给实习生，或者安排的任务是整理、装订卷宗，打印材料等缺乏技术含量的事务。在上述情况下，学生很难实际参与到案件办理的流程当中，无法将在学

---

[1] 与综合性大学的法学院不同，西南政法大学设有民商法学院、经济法学院、法学院、行政法学院、国际法学院和人工智能法学院等法学学院。其中法学院拥有诉讼法学和刑法学两个学科，下辖刑事诉讼法学、民事诉讼法学、刑法学和司法文书四个教研室。

校学到的理论知识运用到实践中。导致这种现象的主要原因是，实习单位日常工作繁忙，而学生对办案工作并不熟悉，初次接触实质工作又需要有人全过程教导，这会徒增办案部门日常的工作压力，而仅让实习生完成一些基础性、事务性工作，一方面能省下手把手教授办案技能的时间，另一方面又可以将专业办案人员从杂事琐事中抽离出来专注办案，一举两得。但这种“一举两得”对于学生来说并不具有实际意义，如果在专业实习中长期接触不到实质性的实务工作，会使他们对专业实习产生懈怠情绪，甚至会对专业实习的存在价值产生怀疑。

（五）带队老师的职责不明

法学硕士研究生在专业实习期间会在一定程度上脱离导师和年级辅导员的视线，因此，需要由实习带队老师对其进行专门指导。每个实习小组的带队老师在专业实习开始前就已经确定。带队老师不仅是实习生“生活”上的老师，更是实习生“专业”上的老师，需要时刻掌握学生的实习动态，对学生的实习提供及时指导。但据调查，部分带队老师对自己“带队老师”的角色不明，不清楚带队老师所负的职责。如有些带队老师仅是在形式上草草要求学生主动汇报实习工作，几乎不了解学生的思想状况和实习情况，对学生实习过程中提出的问题也没有及时解答；有些带队老师从未在线下与实习生见面，甚至从未召开过线上会议部署实习相关工作；有些带队老师与实习单位的对接不够，没有及时跟踪了解实习单位对学生的意见和建议；有些带队老师只关注实习纪律，对学生学术研究的跟踪指导不够等。

（六）学生缺乏带着问题去实习的意识

法学硕士研究生已经掌握了较为系统的理论知识，具有一定的发现问题、分析问题和解决问题的研究能力。如果其能够带着有价值的问题去深入司法实践，结合司法实践打磨问题，在此基础上形成学位论文选题，则能够提高学位论文质量。但是，根据调查，现实的情况是有超过半数的学生在专业实习前尚未形成问题意识，对专业实习的认识只停留在接触实践、了解实践的层面，甚至有些学生将专业实习作为到外地考察、旅游的契机。如果学生没有带着问题意识参与专业实习，在专业实习中就无法真正做到发现问题、解决问题，架空专业实习对于培养法学硕士研究生的重要意义。

（七）学院不能及时、准确掌握学生的实习情况

在专业实习过程中，学院应当适时跟进、准确掌握学生的实习动态，这样才能够及时与实习单位沟通、解决实习过程中遇到的问题，确保实习效果。学院掌握学生实习情况的途径主要是实习检查、学生主动反映情况以及审查学生提交的实习总结报告等。[1] 但是，就及时、准确掌握学生的实习情况而言，上述方式还存在一定的局限性：第一，学院实习检查的覆盖面十分有限，无法对每一个实习单位都进行实地检查，加上当前新冠肺炎疫情的影响，实地检查实习更加具有不确定性；第二，学生主动汇报实习情况的热情性不高，并且出于对学院、对老师的忌惮，即使汇报实习情况，很多时候只会“报喜不报忧”，学院难以掌握真实、准确的实习情况；第三，实习总结报告虽然能够在一定程度上反映学生的实习情况，但是这种事后审查的方式存在固有的滞后性与局限性。

---

〔1〕 在专业实习结束后，学生需向学院提交一篇不少于6000字的实习总结报告，报告内容包括：实习期间遵守工作纪律情况、工作内容及其完成情况、收获与思考、意见与建议等内容。

（八）专业实习相关激励机制不足

从研究生培养方案执行的角度来看，学院对学生认真进行专业实习的唯一激励机制是：根据实习总结报告以及学院掌握的实习表现对每位研究生的实习表现进行综合评定，给出优秀、合格和不合格的评定等级。但是，从实际情况来看，该综合评定对学生认真进行专业实习的激励作用十分有限，并不会显著增加学生的荣誉感，原因有二：第一，所评定的优秀等级仅显示在研究生管理信息系统中，没有进行公开表彰，缺乏实质性的激励作用；第二，综合评定缺乏明确的标准，具有一定的主观性和随意性，对学生没有形成明确、清楚的指引。

三、解决制约法学硕士研究生专业实习效果问题的方案

针对上述制约法学硕士研究生专业实习效果的问题，我们主要采用如下方案加以解决：

（一）丰富实习单位的类型，满足学生的多元化需求

第一，拓展设置研究型实习岗位的实习单位。我院与渝北区人民检察院联合成立了刑事司法研究中心、与江北区人民检察院共建了金融检察研究基地，固定为我院法学硕士研究生提供研究型实习岗位。上述平台定期在我院选拔优秀研究生，采取检察官、法学专家“双导师”制，开展为期6个月至1年的刑事司法、金融检察调研活动，为学生提供了更多样化、更具有针对性的实习岗位。

第二，适当调整实习单位选择政策，尝试允许研究生经批准后自主选择实习单位。法学院长期坚持研究生必须在教学科研实践基地实习的政策，这主要是基于如下两点考虑：一是，教学科

研实践基地的建立都经过了学校的严格审批，在教学科研实践基地实习能够充分保障实习效果和学生的安全；二是，在学校与所有教学科研实践基地签署的合作协议中，教学科研实践基地都承诺了为学生提供住宿和工作餐，这既有助于保障学生的安全，也有助于降低学生在实习期间的生活开支。在不能降低教学科研实践基地审批条件的情况下，我院为了满足研究生对实习岗位的多元化需求，尝试允许学生申请在自主选择的实习单位实习。为了防止部分学生通过该方式逃避专业实习，保障专业实习的效果，学院建立了严格的审批制度。学生需要说明自主联系实习单位的正当理由，提供实习单位的联系人及其联系方式，便于学院核实；实习单位还需要向学院出具接收函，承诺对实习生进行严格管理，为实习生提供住宿和工作餐，保障实习生的安全和实习质量等事项。在学生的自主联系实习单位申请表上，学生家长、导师和辅导员需要分别签署意见，最后由学院分管副院长审批。学院审批主要考虑如下因素：第一，学生提出的自主联系实习单位的理由是否正当；第二，该实习单位是否能够保障实习生的安全和实习质量。为了保障实习生的安全，原则上需要申请自主联系实习单位的同学组织不少于三名同学一起提出申请。

（二）充分展示实习单位的基本情况，化解选择实习单位时的“信息失衡”

在实习单位的选择过程中，学院采用了多种形式充分展示实习单位的实习岗位、实习补助、居住条件、办公条件等基本情况，供学生在选择实习单位时参考，确保让学生在十分了解实习单位基本情况的状态下选择实习单位，有助于防止学生由于“盲选”可能产生的心理落差，打造更为和谐、融洽的实习氛围。

学院主要通过实习单位和实习生两个途径收集各实习单位的实习岗位、实习补助、居住条件、办公条件等基本情况。在每次实习结束后，学院要求各实习小组组长根据提纲撰写对实习单位的评价意见，及时总结各实习单位的专业实习安排情况。对于评价较高的实习单位，将被优先列入下一年度实习单位选择名单。

（三）最大限度争取实现学生专业方向与实习岗位对口

学院采取多种措施尽可能地让研究生都能够在与自己专业方向对口的岗位上实习。首先，加强与民商法学院等兄弟学院合作，协调实习岗位。与我院的情况相似，民商法学院等兄弟学院的实习研究生也存在被安排到与自己专业不对口的刑事业务岗位的现象。各学院通过校内的协调、合作，能最大限度地保障各自的学生在与自己专业方向对口的岗位上实习，实现双赢、多赢。其次，让实习生填写实习生报名登记表，介绍自己的专业方向、学习及实践经历等，供实习单位在安排实习岗位时参考。最后，学院也会建议实习单位根据实际情况，给予岗位与其专业方向不对口的学生轮岗或申请调整岗位的机会。

（四）采取多种方式提高实习单位对专业实习的重视程度

第一，利用实习检查的机会，走访教学科研实践基地，协同各单位共同召开实习工作座谈会，加强与各实习单位的沟通和交流，以提升教学科研实践基地对专业实习的重视程度。

第二，聘任教学科研实践基地符合条件的实务专家担任兼职教师、兼职研究生导师，既能增进与教学科研实践基地的沟通交流，也能明确实务专家的人才培养职责。如我院聘请了J. 人民检察院Z. 检察长担任兼职硕士研究生导师。Z. 检察长十分珍视兼职研究生导师的身份，高度重视在指导专业实习过程中履行研究生导师的人才培养职责。为做好学生实习，该院党组会专题研究实习方案、活动安排等事项，为后勤保障和实地考察等预算专门经费，对实习生实行双导师制，由本院具有省级业务专家称号的员额检察官担任副导师，由具有国家级业务专家称号的员额检察官担任导师，还对实习生提出了“观摩不少于 3 个公诉庭、协助出庭不少于 3 个庭”等具体实习要求。

第三，加强与教学科研实践基地的日常沟通交流，认真听取实习指导老师的意见，并积极与实习基地相关领导共商共议如何提升专业实习的效果，既增进了与教学科研实践基地的友谊，也传播了专业实习在人才培养中的目标和任务。

第四，在研究生专业实习期间，学院官网和官微陆续推出若干期专业实习简报，宣传、肯定优秀教学科研实践基地的先进做法，鼓励所有带队老师和实习同学积极转发，让其他教学科研实践基地知晓优秀教学科研实践基地的先进做法，同时潜移默化地影响、带动其他教学科研实践基地重视研究生专业实习工作。

（五）明确带队老师的职责

为了强化带队老师的责任意识，进一步明确带队老师的工作职责，学院制定了《法学院关于研究生专业实习带队老师的工作职责及工作待遇的规定》，规定了带队老师具有如下工作职责：①在实习前，至少与学生集体见面一次，熟悉学生，并对实习期间的安全、纪律、调研等事项提出要求；②在实习前，与实习单位对接，落实学生的实习岗位、报到时间等具体事宜；③在学生到达实习单位报到时到达实习单位，确保学生的住宿和到岗等有序进行；④在学生实习过程中，与实习单位联系人、实习单位指导老师和学生保持联系，及时掌握学生的思想状况和实习情况，了解实习单位对学生的意见和建议，解决学生遇到的相关问题；⑤在学生实习期间，至少到主要实习点现场检查实习一次，至少以微信视频等形式远程检查实习六次；⑥指导学生完成调研报告、实证研究类论文和小组总结（展现实习过程和实习效果的短视频）等材料；⑦做好上述工作的书面记录；⑧实习结束后两周内，填写“法学院研究生专业实习成绩汇总表”，并完成带队老师工作总结。该规定促进了实习带队老师工作的规范化。

（六）强化学生的问题意识，让学生带着问题进行实习

首先，推行毕业论文预开题制度。为了进一步提高硕士研究生毕业论文质量，充分发挥专业实习在毕业论文写作中的作用，学院推行毕业论文预开题制度，即在实习之前，研究生初步确定毕业论文选题，带着问题去实习。具体而言，在预开题阶段，学生需要对毕业论文的选题形成初步预想并完成一篇 5000 字以上的文献综述，文献综述需对学界的研究现状进行初步整理和归纳分析，以此敦促学生对选题内容进行研究，形成自己的思考，带着这些思考在实习中收集实证研究的相关资料，检验选题的“真伪”并形成研究思路。导师组在开题时，也应当考虑研究生是否针对预开题时通过的选题进行了充分的调研。

其次，推行实证研究类论文写作和竞赛制度。学院要求学生在实习过程中撰写实证研究类论文，并在实习结束后开展实证研究类论文竞赛活动。具体而言，学生在专业实习过程中，需要根据学位论文意向选题，在导师、实习单位指导老师和实习带队老师的指导下至少撰写一篇实证研究类论文（个案分析报告、类案分析报告或具有实证研究内容的论文均可），字数不少于 10 000 字，撰写完毕后由各实习带队老师按照不高于 30%的比例推荐优

秀成果参与院级优秀成果评选。通过实证研究类论文写作和竞赛制度，促使学生在专业实习中积极开展实证资料的收集和整理工作，激发学生在实习过程中的问题意识和研究热情。

（七）推行灵活的实习检查方式，及时、准确掌握学生的实习情况

为了解决学院实习检查的覆盖面有限的问题，学院在传统的实地检查实习之外，还推行了在线视频检查实习方式，以更加及时、准确地掌握学生的实习情况。在线视频检查实习具有零成本、不受时空限制等优点。为了便于在线视频检查实习工作的开展，各实习点组长在到达实习单位后添加学院教学办负责老师的微信。学院研究生实习领导小组不定期通过微信视频的方式检查实习生是否在岗，并了解实习单位对实习生的评价。实习检查的重点是自主选择实习单位的同学。对于实习检查过程中发现的违反实习纪律的行为，严格按照实习方案的规定进行处理。在新冠疫情常态化防控期间，上述“无接触”式实习检查方式成为我院实习检查的常规方式，对于实时、快捷掌握学生的实习情况起到了关键性作用。

（八）完善实习评优机制

除了上述所谈到的评选院级优秀实证研究成果之外，学院还从如下两方面完善了实习评优机制：一是推进多种单项评优。如实习日志评优。研究生在专业实习期间需要撰写实习日志，记录每天的工作、收获和思考等内容。学院组织评选优秀实习日志，颁发证书，并予以通报表彰。又如小组实习总结短视频评优。各实习小组制作展现实习过程和实习效果（如实习单位指导老师对实习情况的评价）的短视频（5 分钟左右），作为实习总结。学

院组织评选优秀短视频，颁发证书，并予以通报表彰。通过上述方式，从多角度激励学生在实习中积极思考和行动。二是完善综合评优机制。为了使综合评优公平、公正，学院明确了综合评优的依据和标准，综合评优需要依据《实习鉴定表》、实习总结报告、实证研究论文、实习日志、小组总结短视频以及团队合作情况等。通过明确综合评优的依据和标准，为评审老师和实习学生提供了指引。综合评定的成绩包括优秀、合格和不合格三个等级。学院将为评定为优秀等级的同学颁发荣誉证书，予以通报表彰。

四、法学硕士研究生专业实习效果提升情况考察

通过推行上述专业实习的改进方案，法学硕士研究生专业实习的效果得到了一定提升，详述如下：

（一）学生对专业实习的满意度得到提高

通过丰富实习单位的类型，学生的实习有了更多的选择，更多的学生有机会去自己想去的单位进行实习。通过整理各实习单位的相关情况并对学生进行展示，学生在选择实习单位时对实习条件和实习安排等已经有了更合理、更充分的心理预期。通过与兄弟学院合作，协调实习岗位，以及与实习单位沟通给予岗位与其专业方向不对口的学生轮岗或申请调整岗位的机会，最大限度实现了学生的专业方向与实习岗位对口，安抚了学生的实习情绪，保证了学生的实习热情。通过走访教学科研实践基地，聘任教学科研实践基地符合条件的实务专家担任兼职教师、兼职研究生导师，加强与教学科研实践基地的日常沟通交流，推出专业实习简报，宣传、肯定优秀教学科研实践基地的先进做法等方式，

促进了学院与实习单位之间的友好关系，提升了实习单位对学生专业实习的重视。通过制定《法学院研究生专业实习带队老师工作职责及工作待遇规定》，明确了带队老师的职责，保证了学生能够在实习中得到具体、有效的专业指导。通过推行灵活的实习检查方式，保证了学院及时、准确掌握学生的实习动态。通过完善实习评优机制，有效地激发了学生的实习热情，也激励着学生更加认真地进行专业实习。

上述一系列措施的推行在较大程度上实现了专业实习的既定目标，也迎合了学生的实习需求，提高了学生对专业实习的满意度。在对 2019 年、2021 年和 2022 年的春季研究生专业实习进行检查的过程中，和学生实习返校后与实习小组组长和实习生代表的座谈中，占绝对多数的学生都对学院和实习单位的安排给予了高度评价。

为了对专业实习方案改进前后学生对专业实习的满意度的变化情况进行量化考察，我们在 2017 年、2018 年、2019 年、2021 年和 2022 年春季进行专业实习的研究生中分别随机选取了 50 位同学进行问卷调查。问卷调查的内容包括学生对学院实习工作的满意度、对实习带队老师的满意度、对实习单位实习安排的满意度和对实习岗位的满意度四个方面。每一项内容都包括四个选项，分别是非常满意、比较满意、满意、不满意。问卷调查结果显示，相较于 2017 年和 2018 年春季进行专业实习的研究生，2019 年、2021 年和 2022 年春季进行专业实习的研究生对学院实习工作的满意度、对实习带队老师的满意度、对实习单位实习安排的满意度和对实习岗位的满意度均有提高，其中非常满意和比较满意的占比显著增加，不满意和基本满意的占比逐年下降，如下图 1 所示。

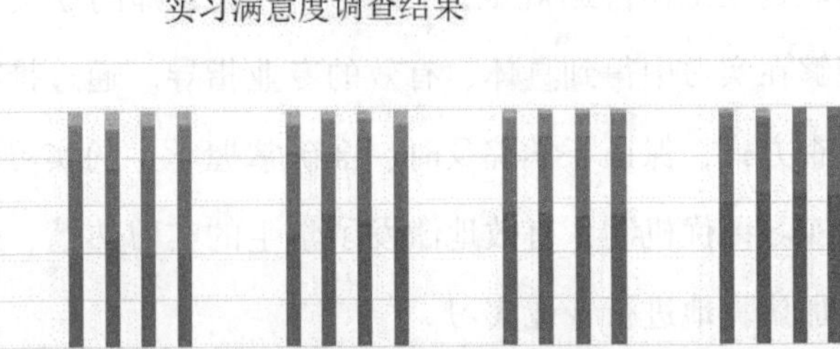

图 1

（二）学生的实证研究水平得到提高

在 2019 年春季研究生专业实习中，经各实习带队老师推荐和专家评审，共评选出 30 篇专业实习优秀科研成果。在 2021 年春季研究生专业实习中，经各实习带队老师推荐和专家评审，共评选出 40 篇专业实习优秀科研成果。在 2022 年春季研究生专业实习中，经各实习带队老师推荐和专家评审，共评选出 46 篇专业实习优秀科研成果。通过上述实证研究类论文写作和竞赛制度，在专业实习过程中形成了重视实证研究的学术氛围。

从院级学生科研创新项目的按时结项情况，可以看出研究生的实证研究水平得到了提高。近些年来，为了鼓励学生尤其是研究生积极开展学术研究，学院每一年均开展学生科研创新项目年度立项工作，资助学生进行学术研究，尤其是实证研究。但由于各种原因，研究生院级科研创新项目的按时结项率都偏低，例如

2017 年按时结项 29 项，2018 年按时结项 22 项，按时结项数均不足立项总数的 50%。推行研究生专业实习效果提升方案以后，研究生院级科研创新项目的按时结项率得到了逐步提升，2019 年按时结项 28 项，按时结项数占立项总数的 54.6%；2020 年按时结项 34 项，2021 年按时结项 38 项，按时结项数占立项总数的比例分别为 62.4%和 65.8%，如下图 2 所示。

图 2

（三）学生的实务经验和职业技能得到提升

实务经验和职业技能的提升难以通过量化的方式来考察，但从实习座谈时各位同学的发言中，能切实感受到他们的进步："只有自己亲自上阵之后才能发现某一制度或者理论在司法实践中可能出现的问题""2 天刑期的差别背后竟然有这么大的学问"

"终于脱离书本对刑事案件从立案到结案的全流程有了完整的认识""在撰写判决书过程中需要全面查阅卷宗中的各类证据、庭审笔录、公诉意见和辩护意见等材料，必须在整体上把握案件的事实和案情关键，才能进行充分说理""协助处理案件时在中国裁判文书网、威科先行等网站进行类案检索，一方面可以总结目前重庆高院、相关中院对此类案件的处理态度，防止书本与实践的脱节，另一方面也能提高自己较为薄弱的检索能力"。

（四）学生的学位论文质量得到提高

通过在高质量的专业实习中深化思考层次、转变思考方式，学生在写论文时的立场也出现了显著的变化。从最初立足于他人的研究成果、单纯的文献阅读进行思考，到后来转向实践立场对在司法实践中发现的"真问题"进行描述、归纳和分析，在很大程度上实现了思考层面质的转变。这里，我们将通过对比2018届法学硕士研究生（2017年春季进行的专业实习）、2019届法学硕士研究生（2018年春季进行的专业实习）、2020届法学硕士研究生（2019年春季进行的专业实习）和2022届法学硕士研究生（2021年春季进行的专业实习）学位论文的匿名评阅成绩，[1] 来直观展现学位论文质量的变化。法学硕士研究生学位论文均有两位专家进行匿名评阅，分别打出成绩。2018届、2019届、2020届和2022届法学硕士研究生学位论文的匿名评阅成绩分布情况如下：2018届平均分为90分以上的有4人，占2%；80~89.9分

---

〔1〕 衡量学生学位论文质量的指标至少包括：匿名评阅成绩、答辩成绩、各级优秀学位论文的数量等。但是在这些指标中，只有匿名评阅成绩是客观的，其较少受主观性和机制性因素的影响。与匿名评阅成绩不同，答辩成绩往往会考虑情面因素和推荐各级优秀学位论文的需要；各级优秀学位论文都是将推荐名额分配到学院和各专业的。因此，这里选择学位论文匿名评阅成绩的变化来考察学位论文质量的变化。

的有109人，占54.5%；70～79.9分的有72人，占36%；60～69.9分的有10人，占5%；60分以下的有5人，占2.5%。2019届平均分为90分以上的有4人，占1.98%；80～89.9分的有113人，占55.94%；70～79.9分的有73人，占36.14%；60～69.9分的有6人，占2.97%；60分以下的有6人，占2.97%。2020届平均分为90分以上的有9人，占4.97%；80～89.9分的有118人，占65.19%；70～79.9分的有45人，占24.86%；60～69.9分的有4人，占2.22%；60分以下的有5人，占2.76%。2022届平均分为90分以上的有10人，占5.56%；80～89.9分的有123人，占68.33%；70～79.9分的有40人，占22.22%；60～69.9分的有5人，占2.78%；60分以下的有2人，占1.11%。可以看出，与2018届、2019届法学硕士研究生学位论文匿名评阅成绩相比较，2020届和2022届法学硕士研究生学位论文的匿名评阅成绩呈现出：70分以上的学生占比增加，尤其是80分以上的高分段学生增加；69.9分以下的学生，尤其是60分以下的不合格学生占比减少的总体趋势，这能在一定程度上体现出专业实习方案的完善对毕业论文质量提高发挥的积极作用，如下图3所示。

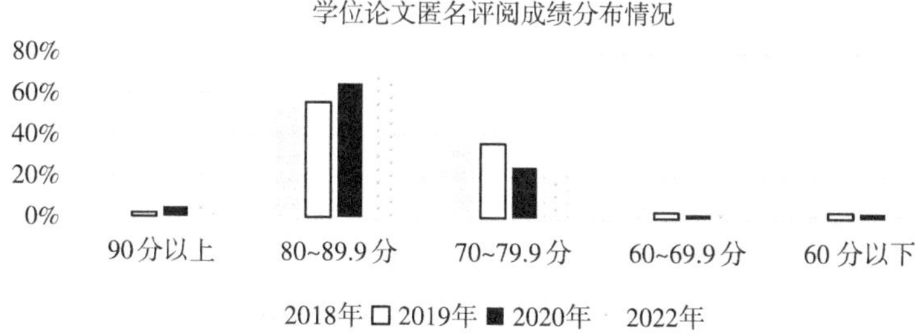

图3

（五）学生的就业选择更加理性、多样

在专业实习座谈中，多名学生表示通过专业实习了解到了不同职业、不同单位、不同岗位的工作状态，专业实习为自己日后的职业规划提供了一次非常宝贵的体验机会。各位学生主要是通过专业实习中负责的日常工作了解到了某个岗位的工作性质和内容，在和同单位领导、同事的交流过程中也进一步加深了其对各种职业角色的认识。有同学谈到，在专业实习中，自己已经充分体验到了担任法官、检察官和律师角色的感受，自己以后会将这几类职业作为自己的明确目标；与此相反，也有同学提到，正是因为对法官、检察官的工作有了更全面的认识，自己重新清晰地认识到法官、检察官将不再会是自己的首要职业选择，而是决定将视野拓展得更宽，寻找其他与自己兴趣、性格、专业水平更相符合的法律相关的岗位，这同样是为建设社会主义法治国家添砖加瓦。从2018届、2019届、2020届和2022届法学硕士研究生的就业数据来看，学生的就业单位呈现出越来越多元化的趋势。这一趋势是受多方面因素影响的结果，但是不可否认，规范化的专业实习是给学生带来就业观念变化的重要影响因素之一。

百花园

Spring Garden

主体性视域下师德建设途径研究

——中国政法大学最受本科生欢迎的十位老师评选20年探析　刘　杰　黄雨薇

主体性视域下师德建设途径研究

——中国政法大学最受本科生欢迎的十位老师评选20年探析*

◎刘　杰　黄雨薇**

摘　要：师资队伍的建设和发展在高校的发展改革过程中发挥着极其重要的作用，师德师风的建设更是其重要面向，应该对师德师风评价机制和建设策略进行充分的重视和思考。中国政法大学长期以来高度重视教师队伍师德师风建设，本文立足法大实际情况，以实证研究为依托，兼采中国政法大学最受本科生欢迎十位老师评选活动的效果，做出总结和阐释。

关键词：师德师风　高校建设　评价机制

---

* 中国政法大学教师思想政治工作研究课题资助。

** 刘杰，中国政法大学副研究员；黄雨薇，中国政法大学教师。

引 言

“所谓大学者，非谓有大楼之谓也，有大师之谓也。”师德师风建设是一个高校立德树人的灵魂之所在。我校向来重视师德师风培养建设，自党史学习教育全面开展以来，更是以“学党史、悟思想、办实事、开新局”为宗旨，在培育新时代四有教师工作上开拓新方法、树立高目标。

在此背景下，本项目以探索高校师德师风建设的规律与方法为根本目标，总体按照提出问题、分析问题、解决问题的研究思路展开课题研究，预期研究计划分为理论准备、案例积累、问卷调查、深度调研、成果形成这五大阶段，通过定性分析和定量分析相结合、案例分析法、对比分析法等研究方法，全面、科学地开展研究，力争为建设师德师风领域开创更加合理有效的方法论依据。

一、研究背景介绍

（一）国内外研究现状

首先，在师德师风的定义方面，习近平总书记在同北京师范大学师生代表座谈时的讲话中[1]指出要做到“四有教师”，即一个好老师要有“理想信念、道德情操、扎实学识、仁爱之心”，四种品质缺一不可。他进而提出，要加强师德师风建设，提出“坚持教书和育人相统一，坚持言传和身教相统一，坚持潜心问

---

〔1〕 习近平：《做党和人民满意的好老师——同北京师范大学师生代表座谈时的讲话》，载《人民日报》2014年9月10日，第2版。

道和关注社会相统一，坚持学术自由和学术规范相统一”，[1] 引导广大教师以德立身、以德立学、以德施教。

其次，从教师师德师风的基本要求角度，既有研究一般从教师人品修养、科研教学水平角度出发，师德的评判标准和考核体系包括“由内到外”“由心到迹”的综合评价。其中魏斌提出了“牢固树立为人师表的良好师德风范”“努力培养脚踏实地、勤于研究的学习习惯”“感悟职业，教书育人”三类评价因素。[2] 同时，也有学者从反面指出教师在师德师风建设中存在的主要问题，如田春园提出高校思想政治理论课教师师德师风建设主要存在六项问题：缺乏扎实的理论修养，思想政治意识淡薄；缺乏清晰的思想认识，对自己工作定位不准确；缺乏正确的人生观，功利思想严重；缺乏与时俱进、开拓创新的精神；不能做到为人师表；缺乏合作精神。[3] 此外，也有学者将政治立场、理想信念单独列为评价标准，如卫建国将师德师风分为狭义和广义两种，狭义指教师的道德情操、道德品行、职业道德水平；广义的师德师风则指教师的政治立场、理想信念、社会责任、国家情怀等。[4]

然而，既有研究存在三个重要问题：其一，评价标准边界不够清晰，多种标准之间存在交叉和模糊地带；其二，要求内涵不

---

〔1〕《坚持走自己的高等教育发展道路——论学习贯彻习近平总书记高校思想政治工作会议讲话》载《人民日报》2016年12月9日，第1版。

〔2〕魏斌：《高校青年教师师德师风建设内外因分析研究》，载《教育探索》2011年第5期。

〔3〕田春园：《高校思想政治理论课教师师德师风建设的问题及对策研究》，载《教育与职业》2011年第15期。

〔4〕卫建国：《高校师德师风建设重点任务和难点辨析》，载《中国高教研究》2021年第9期。

够具体，存在宽泛笼统的特征；其三，适用于具体高校时针对性缺乏，如评价政法类高校教师时是否应着重强调“正义”“良知”等品质。同时，在社会公共领域迅速扩张、新闻媒介快速发展的当下，教师的公共活动、社会形象也已成为其教师身份的重要组成部分，是否应该将此纳入师德师风的评价范畴，又该如何规划其标准体系，都成为亟待解决的问题。

最后，从高校师德师风建设的重点任务角度出发，高校师德师风建设的具体任务和要求很多很复杂，涉及政府、社会、学校、教师等各个方面的责任，提升师德师风建设水平，首先要找准影响师德师风建设的一些重大问题和关键因素，以解决这些重大问题为突破口带动其他问题的解决。既有研究中，一部分学者从影响师德师风建设的环境入手，提出环境论的应对对策，如吴明永提出要加强社会舆论环境、校园环境、工作和生活环境建设。[1] 一部分学者提出制度决定论阐述，应从学习教育机制、典型示范激励机制、考核评估导向机制、监督惩处机制等制度机制领域加强师德师风建设[2]。

（二）中国政法大学关于师德师风建设的相关举措

中国政法大学始终注重师德师风的培养，多项举措并举，为提升我校教师思想政治素质和职业道德水平，突出全员全方位全过程师德养成，推动我校教师成为先进思想文化的传播者、党执政的坚定支持者、学生健康成长的指导者而不懈努力，具体表现为：

---

[1] 吴明永：《高校青年教师师德师风建设环境优化探析》，载《中国成人教育》2010年第6期。

[2] 杨珏：《高校青年教师师德师风建设的路径探析》，载《江西教育》2020年第C2期。

1. 统筹规划，集中学习

为厚植爱国情怀，涵育高尚师德，我校自 2019 年开始举办教师暑期学校暨师德师风培训班。教师暑期学校作为学校精心打造的思想政治教育平台，主要是利用暑期，集中时间对学校教师进行思想政治教育，以有效提升我校教师的思想政治素质和职业道德水平，突出全员全方位全过程师德养成，推动我校教师深植坚定理想信念、弘扬高尚道德风尚，引导学生健康成长。

各科研单位、学院党委，各专业党支部统筹召开多次师德师风建设研讨会、座谈会。在会中，全体教师集中学习了《中国政法大学教师职业道德规范》，就争做“四有好老师”和“四个引路人”实践活动发表了深刻感悟。各单位教师代表勉励所有教师，要做到以德立身、以德立学、以德施教、以德育德，要用好课堂讲台，用好校园阵地，做到爱校爱岗、尽心教书、潜心育人。同时，该些单位在集中学习后以师德师风相关文件为重点，在本单位开展师德师风建设，积极开展各种主题活动和师德师风讨论与研究，培养形成本单位良好的师德师风。

2. 聚焦青年教师师德培养

首先，中国政法大学量身打造青年教师思政素养提升计划。我校长期以来高度重视并不断加强青年教师的思想政治素养，从其思想新、吸收快、需求多等特点出发，坚持思想道德素养与业务素质提升并重，大力弘扬大学精神，引导青年教师坚定立德树人理念，提升教学科研能力，把个人追求同社会主义核心价值理念相统一，切实提高思想政治素养，为学校可持续发展提供强大后劲。

为此，学校专门成立领导小组，党委书记和校长亲自挂帅，不断健全“党委领导、党政共抓、部门协作、院部落实、全员参与”的工作机制，强化党支部、教研室、科研团队等基层组织在此项工作中的基础作用，努力把工作覆盖到每一位青年教师。积极出台并贯彻落实教师岗位聘任办法、教师职业道德规范、学术规范等规章制度，明确岗位职责，树立教师道德修养和职业操守，引导树立良好的学术风范。

同时，我校也积极筹办成立青年教师协会。青年教师协会的成立落实习近平总书记考察我校重要讲话精神的重大举措，是服务青年教师成长的有益尝试，也是加强青年教师队伍建设的必然要求。资深教师、青年教师和学生们以协会为纽带展开了许多交流和学习工作。同时，青年教师协会也积极开展关于中华传统文化、革命文化和社会主义先进文化等方面的思想建设类活动；依托“友思（Youth）学习圈”“咖啡之e云课堂”等线上线下交流平台，定期组织青年教师群体参与学校第二课堂育人活动；组织开展师生间乒羽球赛、联谊汇演等文体类活动；要充分发挥桥梁纽带作用，有效开展符合时代特征、青年特点和法大特色的工作，真正把青年教师凝聚起来，在推进综合改革、助力人才培养、增进沟通交流和参与校园民主管理等方面做出更大贡献，为法科强校建设添砖加瓦。

3. 利用规范化文件、常规性活动开展奖惩激励

聚焦师德师风建设，我校特制定《师德先进评选表彰办法》，将表彰先进教师、树立师德榜样规范化、精细化，使奖有所依、誉有所据，让“师德师风”不再仅限于一个抽象的概念和范畴。

同时，我校积极修订《师德失范行为处理办法》，奖惩结合，推出《师德师风简报》，有针对性地加强政治引领、教育引导和

日常管理，不断提高教师思想政治素质。

在出台规范性文件的同时，我校也积极开展常规性的优秀师德师风榜样评选与表彰活动，其中规模最大、影响力最广、最为典型的活动即为“最受本科生欢迎的十位老师”评选活动。该活动是我校的一项特色品牌活动，由中国政法大学党委宣传部主办、中国政法大学新闻通讯社承办，自 2002 年已经成功举办九届评选活动，目前已有 51 名教师获得该荣誉，他们学识渊博、经验丰富，倍受学生喜爱。两年一度的评选和表彰活动让“最受本科生欢迎的十位老师”成为教师们心中的无上荣誉，同时也为法大教师树立榜样、厚植发展动力的重要平台和路径。

（三）其他高校在师德师风建设领域的先进经验

秉持着师德师风建设的决心，在反思自身不足的同时，高校本身也要关注并且汲取其他高校建设师德师风的先进经验。

上海高校在完善上海高校师德师风建设中也提出一些对策。他们认为良好师德师风的培育需要高校、社会、个人协调一致共同建设，其中高校作为师德师风体制机制建设的主体，要落实主体责任；社会各方要为师德师风营造风清气正的良好氛围及舆论环境；个人作为师德践行的主体，要加强自身的师德修养。[1]

国外高校的有效举措，其中一类是制定符合现代教育模式的与时俱进的师德规范，使师德师风有较为明确的界限和模范。进入 21 世纪以来，西方一些发达国家，如英国、加拿大、澳大利亚等国从专注于约束性条规的教师道德规范转而突出激励性的教师道德核心价值观，着力构建以教师道德核心价值观为主体的规

---

〔1〕 杨珏：《高校青年教师师德师风建设的路径探析》，载《江西教育》2020 年第 C2 期。

范体系。而在这些国家中，澳大利亚表现得更为明显。[1] 各州制定出教师专业道德核心价值观，澳大利亚的教师职业道德规范出现了从约束禁令性条款向鼓励性的教师核心价值观转变。教师道德规范的制定更多给予了教师激励性的指引，而不是约束性的限制。显而易见，激励性为主的教师道德核心价值观，可以激发教师的道德内在动力，在规范允许范围内在具体的道德问题中主动做出更加贴近师德规范的决策，展现身为教师所有的道德自主与道德自信。

首先，高校在提倡重视师德师风建设的基础上，加强了师德惩处力度，发挥了负面典型的震慑作用，避开了“内部处理”等大事化小的错误做法。其次，高校做到了将各项外在强制约束的规章制度转化为激励性的教师道德核心价值观，制定具体细化的师德指标体系规范，凝练出属于各高校的各学科的教师的道德核心价值观，从而激发教师更高的专业理念。

除此以外，他们更加重视教师思想政治教育工作。复旦大学校党委常委每年听取教师思想政治状况报告，东华大学学校党委把师德师风摆在建设高素质教师队伍的首要位置。上海高校努力健全完善师德师风建设制度，上海市教育委员会制定了《上海高校教师师德失范行为处理指导意见》，高校也制定了相应的规章制度，如《上海交通大学研究生指导教师育人规范》《上海交通大学学术道德行为规范》等。再次，高校构建校院部门协同工作机制，各高校均成立了教师工作部，形成党委统一领导、党政齐抓共管、院系具体落实的师德建设领导体制和工作机制。另外，

---

〔1〕 参见吴小艳：《新时代上海高校师德师风建设研究》，上海外国语大学 2021 年硕士学位论文。

发挥模范教师引领示范作用。上海市设立了“上海市教育功臣”“上海市四有好老师”“上海市园丁奖”等荣誉称号评选制度，充分发挥模范教师的带头示范作用，如华东师范大学精心打造“塑师者初心”和“溯师者初心”主题活动，这一做法也与中国政法大学的做法殊途同归。最后，实施师德师风建设长效机制。各高校制定了实施意见，如《复旦大学关于建立健全师德建设长效机制的实施意见》《上海外国语大学关于完善师德师风建设长效机制的意见》。[1]

还有一些高校将培训和研修作为提高教师师德师风修养的主要方式和手段。不过，值得借鉴的是，许多高校培训和学习的机制、内容、方式有了较大的改观，从之前的灌输型和令行禁止型，转化成了体验式、引导式、人性化。[2] 为了避免培训重点群体——教师的被动参与和冷漠接受的矛盾冲突，高校严把高校教师“入口”，完善培训和学习内容、优化培训和学习的方式，争取用更加多样化、贴近时代的传播方式开展培训。

我校也曾提出过将师德师风建设与高校教师奖惩联结起来的建设路径，其他高校也在实行中摸索出了更加完善的考评机制。要正确认识高校师德师风考评的目的，其更加重要的意义在于通过调查研究和定性评价高校教师的师德师风表现，采取褒奖和惩罚的方式对师德师风表现做出客观的处理，根本目的在于引导高校教师取长补短，重要的是鼓舞和警示作用。[3] 有高校提出，

---

〔1〕 参见吴小艳：《新时代上海高校师德师风建设研究》，上海外国语大学2021年硕士学位论文。

〔2〕 参见彭琛琛：《新时代我国高校师德师风建设研究》，西北师范大学2020年硕士学位论文。

〔3〕 参见袁进霞：《高校师德师风存在的问题及对策》，载《学校党建与思想教育》2017年第4期。

对师德师风表现不合格的高校教师要严格实行"一票否决制",坚决引起高校教师对师德师风建设工作的重视。[1]

各高校对师德师风建设的有效举措均是适应自身院校的、贴合新时期的、经过改进的先进经验。中国政法大学作为师德师风建设的急行军更应该检省自身制度的缺憾与不足,汲取各高校的先进经验,求同存异,摒弃糟粕,为学生和教师营造一个师德师风卓然飘扬的校园环境。

二、受欢迎教师群体特征画像探析:定性研究

"所谓大学者,非谓有大楼之谓也,有大师之谓也。"师资队伍在学校建设发展过程中发挥着重要的作用。中国政法大学自建校以来,始终坚持"人才强校"的办学理念,目前已集合一大批德才兼备、追求卓越的学术名师,也因此培养了一代又一代满怀理想信念、学术功底扎实的法治人才,成为我国社会主义法治建设与经济社会的发展的中流砥柱。

"最受本科生欢迎的十位老师"是中国政法大学的一项特色品牌活动,由中国政法大学党委宣传部主办、中国政法大学新闻通讯社承办。该活动旨在鼓励本科生自发参与,是从学生的观察视角,以自己的评价标准评选出心目中最尊敬、最喜爱、最钦佩老师的评选活动。该活动自2002年起,每两年举办一次,至今已经成功举办九届,共计51名老师先后获得该项荣誉。

对于学生而言,该项活动是一次难能可贵的对老师表达敬佩与喜爱的机会,该项活动完全由学生组织实施开展,期间的投

[1] 参见彭琛琛:《新时代我国高校师德师风建设研究》,西北师范大学2020年硕士学位论文。

票、计票，获奖教师从提名到最终确定，皆由学生参与负责，本科生校区内的每位学生皆拥有投票权，都能够平等地参与到活动中。不少学生表示，在活动中不仅感觉和老师的距离更近了，也对于老师也有了更深入的了解，除去课堂上的学识谈吐与授课技巧，学生们能更加全面地了解老师的师德师风、综合素质。更有学生表示，“越了解越敬佩”，老师的魅力不仅来自课堂上的引经据典、观点输出，更来自于方方面面，“因为我们学校的老师都很优秀，所以每次投票都很难抉择，心中对于‘有师德师风的好老师’标准也被拉高了。”

对于教师而言，该项活动不仅是对自身教学事业成果的肯定，也是对于自身教学事业的一次检视。在第九届“最受本科生欢迎的十位老师”颁奖典礼上，连续六届蝉联该荣誉的罗翔表示“诚惶诚恐”，“因为这是学生一票一票投出来的结果，所以对于这个荣誉更感珍贵与珍惜。”不少老师都表示，该活动奖项是心目中的“最高荣誉”，因为这不仅代表了学生对其教学事业的认可，也代表了学生对其教师身份的喜爱。在获奖老师更加追求卓越的同时，暂未获得该荣誉的老师也有了取长补短的参考，从而反思自身不足，不断完善、提升自身道德素质与专业知识，加强师德师风自我建设，不断向习总书记所提出的“四有”教师靠拢。

该阶段定性研究将以“最受本科生欢迎的十位老师”作为研究样本，从获奖老师的个人经历、自身魅力等方面进行归纳概括，以他们为样本进行师德师风建设教师层面的优化分析，更具有显著性与代表性。

（一）案例样本一：获“特别致敬奖”的两位教师

1. 教师情况概述

在法大有教师两位蝉联过六届以上“最受本科生欢迎的十位老师”奖项，他们分别是：罗翔，中国政法大学刑事司法学院教授，曾连续六届当选“最受本科生欢迎老师”，荣获第九届“最受本科生欢迎的十位老师”“特别致敬奖”；刘家安，中国政法大学民商经济法学院教授，曾连续七届蝉联“最受本科生欢迎的十位老师”，荣获第九届“最受本科生欢迎的十位老师”“特别致敬奖”。他们的课堂总是座无虚席，倍受同学们的喜爱，通过对二位老师的分析发现，他们均在“理想信念、道德情操、扎实学识、仁爱之心”进行深度自我发展，力图不断扎实自身学术功底，怀揣一颗为师的仁爱之心，将知识深入浅出地传授给学生，在或幽默风趣或简明扼要的授课形式中发掘适合自己的风格；与此同时，他们都拥有自身坚定的理想信念、学术体系与正确的价值观，并能授人以渔地向学生传递基于课堂而高于课堂的宝贵财富，使学生获益终身。

2. 总结分析

纵观分析，他们都具有以下显著特征：

其一，积极投身教学事业，在学术研究与教学领域追求卓越。获奖教师无一不拥有扎实的学识与深厚的学术素养，在学术领域勇攀高峰，并于此同时用心钻研教学，将枯燥单一的理论知识通过多种形式，生动形象地传递给学生，使其易于接受。罗翔、刘家安的课堂都曾被学生评价为“每一节课都像是一堂讲座”，他们能在课堂上引经据典、侃侃而谈，也能深入浅出、幽默风趣地将知识教授给学生，课堂氛围轻松却有思想的火花迸溅。

其二，拥有坚定的理想信念，并身体力行地向学生传递正确的价值导向。中国政法大学自建校以来，培养了一代又一代胸怀理想、勇担使命的优秀人才，使其在走向社会后迅速成长为我国社会主义法治建设和经济社会发展的中流砥柱。两位老师作为法学学科的老师，在教授给学生专业知识的同时，也都注重树立学生的正确价值观与人生观，“厚德、明法、格物、致公”是校训，亦是每位教师课堂上贯穿始终的理念。罗翔数次向学生强调要在鲜活的社会生活中感知到法律的精神，明白法律不是一种曲高和寡的玄学，而是要契合人的常识、常情、常理。刘家安拥有律师和注册会计师的从业资格，但他几乎不从事任何律师实务工作，他在身体力行地告诉学生做学问要真正潜下心来，厚积薄发、独立思考。

其三，贴近学生，亦师亦友。教育家陶行知曾言：“你若把你的生命放在学生的生命里，把你和你的学生的生命放在大众的生命里，这才算是尽了教师的天职。”教师与学生的距离不应该停留于讲台之上，与学生的沟通交流也不应该局限于课内。刘家安在收到学生的一封长达十几个问题的电子邮件后，他选择用了两个小时把这些抽象晦涩的问题一一回答；罗翔会在课后耐心一一解答学生的问题，并经常和学生分享自己阅读的优秀书籍。

综上所述，这两位都曾蝉联过六届以上“最受本科生欢迎的十位老师”荣誉称号的老师，都符合“理想信念、道德情操、扎实学识、仁爱之心”的四有教师标准，他们都拥有扎实的学术功底，怀揣一颗为师的仁爱之心，将厚重的知识深入浅出地传授给学生，在或幽默风趣或简明扼要的授课形式中发掘适合自己的风格；与此同时，他们都拥有自身坚定的理想信念、学术体系与正确的价值观，并能授人以渔地向学生传递基于课堂而高于课堂的宝贵财富，使学生获益终身。

（二）案例样本二：多次获奖的专业教师

中国政法大学法科实力雄厚，法学专业在学校整体占比较高，投票基数较大，从而导致获得“最受本科生欢迎十佳教师”奖项的法学教师远多于其他专业教师。在获奖的51人中，法学类教师共38人，约为75%，其他专业教师共13人，约占25%。由此，本研究认为，通过将获奖的其他专业教师作为样本案例进行深度分析，更能凸显这些教师在师德师风上的突出表现和优良品质，排除“投票人数”等干扰因素，更具有代表性和典型性。

1. 教师情况概述

马皑，中国政法大学社会学院教授，中国心理学会法律心理学专业委员会主任；刘震，中国政法大学人文学院教授，中国周易学会副会长；赵卯生，中国政法大学马克思主义学院教授，马克思主义原理研究所所长。这三位老师都曾三次获得“最受本科生欢迎老师”奖项，以独特的人文关怀与专业素养打动了大批学生，在师德师风方面获得高度评价。通过三位非法学教师的分析，他们无一不符合“理想信念、道德情操、扎实学识、仁爱之心”的四有教师标准。除此以外，他们积极投身社会活动，具有较高知名度和社会影响，并在学术研究领域勇攀高峰，一言一行彰显学者本色。除此以外，他们也都充满人文主义关怀，从跨学科的领域讲授其他种类社会科学和人文理念，为学生的知识积累和未来目标提供了哲思背景和广泛视野。

2. 总结分析

综上所述，本部分列举的三位非法学教师无一不符合“理想信念、道德情操、扎实学识、仁爱之心”的四有教师标准。除此之外，三位老师还具有一些相似的共同之处。

其一，积极投身社会活动，具有较高知名度和社会影响。马皑曾多次参加《今日说法》节目，为重要刑事案件提供犯罪心理学方面的理论支撑和精到启发；刘震曾登上央视《典籍里的中国》节目，讲授《周易》中传统哲学的精妙之处，弘扬中国传统文化的独特魅力。

其二，在学术研究领域勇攀高峰，一言一行彰显学者本色。获奖的教师无一例外不是在自身研究的专业领域有所建树、持续深耕的学者。在课堂上，他们理论扎实、方法全学识渊博，既能将引经据典，又能将所教授的知识结合实时，创新探索，一言一行无不体现了他们深厚的学术素养和思维敏锐度。此外，他们乐于在学术和创新领域对学生进行深入的合作，鼓励、指导学生开展“学术十星”论文写作比赛、大学生创新创业项目等学术科研活动，在研究逻辑、理论规范和方法论的使用方面都能为学生提供最大程度的帮助。

其三，充满人文主义关怀，传递良知，身体力行。“厚德明法，格物致公”是法大致力于培养的新时代法治人才，对匡扶正义的向往、对公平博爱的追求是每一个学生在法大学习过程中深植的信念。法治并不是冰冷地执行，而是需要对社会和立法背景进行全面的洞察，在理性客观的基础上兼备良知公德和同情之心。获奖教师正是从跨学科的领域讲授其他种类社会科学和人文理念，为学生的知识积累和未来目标提供了哲思背景和广泛视野。马皑从社会学、心理学角度讲授犯罪规律，同时经常身体力行，与重罪犯和其他社会边缘人员进行交流，帮助青少年、犯罪分子重振生活信心，走入正轨。刘震从中国古典哲学入手，讲授中国传统哲思智慧，以实际行动践行“关乎人文，化成天下”的理想。赵卯生将马克思主义基本原理的内涵和精髓与生活实际融会贯通，教导学生以天下为己任，心怀高远，不计较一时一地的得失。

（三）总结归纳：“最受本科生欢迎的十位老师”获奖者群体画像

通过分析总结发现：其一，获奖老师们无一不符合“理想信念、道德情操、扎实学识、仁爱之心”的四有教师标准。在理想信念上，获奖教师们胸怀博大，与此同时也激励学生放眼开阔，成长为建设法治国家的中流砥柱；在教学上，他们的授课不仅要言之有物、深入浅出，更要提纲挈领，思路清晰，将学生带领进学术的大门；在言行作风上，他们都怀有一颗仁爱之心，耐心为学生解答学习和生活中的困惑，加入学生之间成立的讨论小组、社团活动，尽最大可能贡献自己的价值。其二，根据对获奖老师深度访谈的内容发现，作为法科强校，获奖教师大多在课堂上多次传达自己对“公平正义”的独特见解，而学生是否要求法学教师具有更高的“正义感”成为一个值得探究的问题。其三，获奖教师有一部分在自身教职之外承担了社会工作，经常出现在较大的公共场合，具有影响力较大的社会形象。

综上所述，通过对历届获得“最受本科生欢迎的十位老师”进行总体画像，并选择两类案例共五位教师进行个案分析得出三点结论：①被选为“最受本科生欢迎的十位老师”在理想信念、道德品质、学术水平和仁爱之心方面具有突出表现，这也是师德师风得以彰显的必然路径；②中国政法大学作为法科强校，学生非常注重教师是否具有“正义”的品质；③教师如果能在做好教学工作的基础上承担更多社会责任，拥有良好的社会形象，则会为他们在学生中的产生附加好感。

三、受欢迎教师的标准探析：定量研究

本课题的定量研究分为问卷调查、数据分析两个过程，并对结果进行整合分析。

在问卷调查部分，问卷设计和发放基于定性研究得出的初步结论，即首先，被选为“最受本科生欢迎的十位老师”在理想信念、道德品质、学术水平和仁爱之心方面具有突出表现；其次，中国政法大学作为法科强校，学生非常注重教师是否具有“正义”的品质；最后，教师如果能在做好教学工作的基础上承担更多社会责任，拥有良好的社会形象，则会为他们在学生中的产生附加好感。

在此基础上，问卷调查的主要目的是：首先，探究“学历”“道德品质”“幽默感”“正义”等因素对法大学生评价教师的过程中是否产生影响，以及探究该些因素的影响程度；其次，探寻不同学生对于“最受本科生欢迎十佳教师”评选活动的看法，包括是否公平，是否有效等多个维度；再次，探究法大教师如何看待“学历”“道德品质”“幽默感”“正义”等因素对认定“好老师”的影响及重要程度；最后，分析法大教师对于“最受本科生欢迎十位老师”活动的看法。根据该目的，我组成员将问卷整理成“学生部分”和“教师部分”，分别向中国政法大学 1300 名学生和 200 名教师进行发放。

在数据分析部分，我组成员主要进行了问卷结果统计与 spss

量化分析处理数据。问卷结果统计旨在厘清各要素在评价教师过程中的重要程度，并辨析学生和教师对“最受本科生欢迎的十位老师”评选活动的看法和其受活动的影响程度。spss 量化分析旨在进一步厘清模糊因素的关联性问题，并就“学生是否要求法学教师具有更高的正义感”等问题进行细致描绘。接下来，本研究将从“问卷设计与发放”“数据统计与分析”进行详细展开。

（一）问卷与设置说明

问卷在设计之初便将调查对象分为老师与学生两部分。一是由于二者对于“师德师风”建设这一较为宏观的概念可能存在不同的认知与界定，二是由于二者对于师德师风建设中的具体项目的内涵和外延可能存在不同的理解，三是由于除却对于概念的认定外，对于既定概念的重要程度判断亦可能存在差别。为了辨析上述可能性是否存在，特将问卷受访对象设置为老师和学生两部分，以求在此基础上，探究老师和学生对于师德师风建设的观点差异，从而对当前我校师德师风建设进行评价和修正。

（二）问卷结果统计分析

访谈结果主要是对一些难以量化的问题如法大最受欢迎的老师中的典型事例、个人看法、人格观点等的分析总结；而调查问卷更加关注一些可以通过调查量化而发现偏好侧重的问题，例如关注专业、知识水平、道德品质等因素对成为一位好老师的影响程度；也可以通过简单的数量统计得出通过随机抽样得到的样本群体对一些问题的两极化看法，例如通过问卷看出大部分学生群体对“法学学科老师是否要求老师具备更高的正义感”这一问题的看法。两者综合起来，不仅能使得我们了解到大家对“好老师”的各种评判标准的重视程度以及期待“好老师”具备的品质，也能兼顾到每位“好老师”个体之间的独特性和差异性，让我们更全面更透彻地理解老师和学生这两个截然不同的群体的想法，并且应用到师德建设路径探索中去。

为了横向对比老师和学生对师德建设的途径的不同观点和想法偏好，我们分别设计了发放给老师和发放给学生的问卷，两者在一些细微问题上有所区分。学生问卷我们预期通过随机抽样的方式，发放 1300 份，实际收回了 1037 份，其中通过问卷的一道问题筛选出无效问卷 32 份，实际有效问卷为 1005 份。老师问卷我们相同地预期通过随机抽样的方式，发放 200 份，实际收回了 180 份，其中通过问卷的一道问题筛选出无效问卷 18 份，实际有效问卷为 162 份。

笔者对两份问卷分别进行统计比对，得出以下发现。

学生问卷的第一部分是个人信息部分，主要是对学生的入学年份和专业进行简单统计，法学专业学生 656 人，非法学专业学生 349 人，这里不进行过多赘述。

学生问卷的第二部分是探索“您心中的好老师评价标准”，其中八个因素被我们设置为八个问题，用“您心目中的好老师具备以下因素的重要程度”的形式展开，分别包括外貌、毕业院校、学历、政治素质、知识水平、道德品质、幽默程度、社会形象；为了得到偏好选择，我们将重要程度等级分为非常重要，比较重要，比较不重要，非常不重要。在学生问卷的统计结果中，这八个因素中，认为该因素非常重要的人数最多的是第五个因素——知识水平，821 人，认为该因素非常重要的人数最少的是第一个因素——外貌，38 人；其次，政治素质和道德品质也以 742 人和 632 人的高比例显示出这两个因素在学生评价老师的因素中属于重要考虑因素（见统计表1）。大多数学生认为自己心中的好老师评价标准里外貌是比较不重要的；大约50%的学生认为毕业院校在这个评价标准中比较重要；占比48%的学生认为学历在该评价标准中比较重要；74%的学生认为政治素质在该评价标准中非常重要，认为不重要的仅占百分之一，这说明学生们对老师的政治素质还是有很高的期待的；同样的，道德品质这一因素，超过60%的学生认为是非常重要的，将近39%的学生认为比较重要；而社会形象和幽默程度这两个因素的人数分布则比较均衡，但是均有一半的学生认为其在评价标准中是比较重要的。将近80%的学生认为好老师一定受学生欢迎，大约32%的学生认为受学生欢迎的老师一定是好老师，但是依然有304位同学选择了受学生欢迎的老师不一定是好老师，这也是我们要帮助“法大最受本科生欢迎的老师”活动评选机制的原因，我们期望可以真正将好老师和受学生欢迎的老师二者更大程度地重叠起来，既促进老师队伍的师德师风建设，又提供该颇具独家特色的评选活动的提升改进路径。在调查法学学科是否要求老师具备更高的正义感中，大约58%的学生认为法学学科老师并不需要具备更高的正义感，如下图1所示。

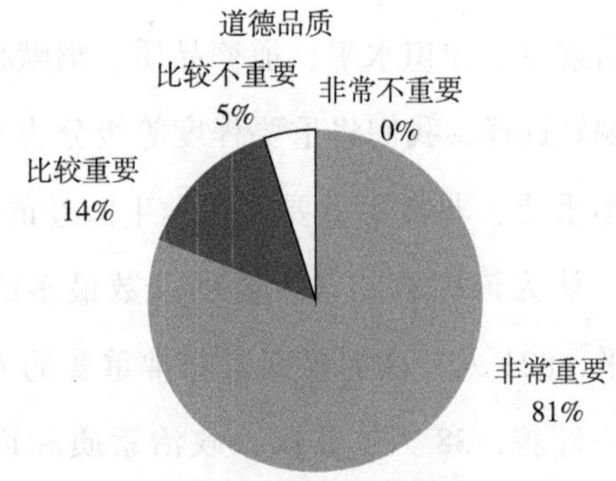

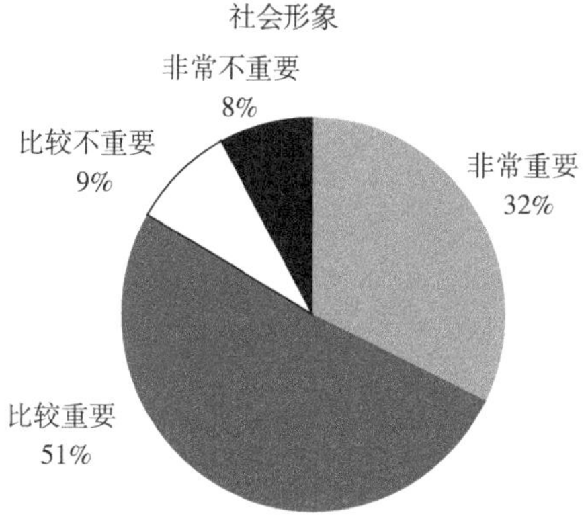

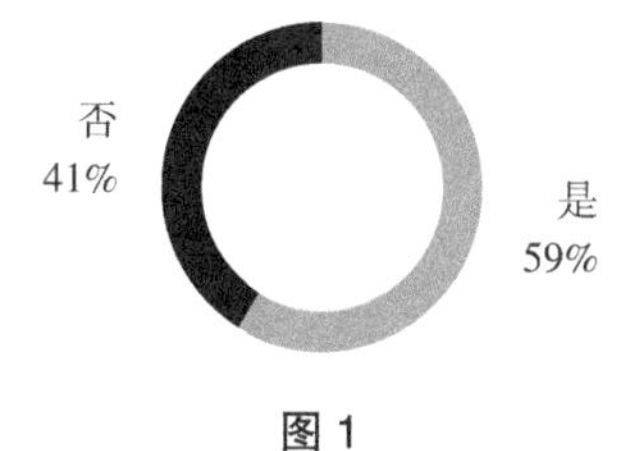

图 1

第三部分是对于中国政法大学“最受本科生欢迎的十位老师评选”的评价，一共是五个问题，包括该评选活动的评选机制是否公平，评选出来的老师是否具有代表性，评选结果是否影响自己对于好老师评价标准的认定，师德师风能否在该评选活动中得到相对客观的评价，是否认为非法学老师很难在该评选中获奖。

基于上述问卷调查情况，本研究做出如下三种假设，并利用 spss 进行数据分析。

假设一：法学与非法学专业学生对该活动获评老师的认可度存在差异，如下表 1 所示。

表 1 法学与非法学专业学生对该活动获评教师的认可度分析

V3＊ v1 交叉表					
			专业		总计
			法学	非法学	
代表性的认可度	有代表性	计数	530	349	879
		占 v1 的百分比	80.8%	75.1%	78.8%
	无代表性	计数	126	87	213
		占 v1 的百分比	19.2%	24.9%	21.1%
总计		计数	656	349	1005
		占 v1 的百分比	100.0%	100.0%	100.0%

通过对 530 名法学专业学生、262 名非法学专业学生的调研，我们发现，80.8%的法学专业的学生对于获评教师的认可度较高，认为获评教师整体上具有代表性，24.9%的非法学专业学生对于获评教师的认可度较低，认为非法学老师在该评选中更难获奖。

假设二：教师职称的差别对于该活动获评教师的认可度存在差异，如下表 2 所示。

表 2 教师职称与获评教师认可度关系分析

对称测量					
		值	渐近标准误差 a	近似 Tb	渐进显著性
有序到有序	Gamma	.043	.073	.587	.557
有效个案数		162			
a. 未假定原假设。					
b. 在假定原假设的情况下使用渐近标准误差。					

通过对162位老师的调研，我们发现，仅有4.3%的教师认为教师职称对于获评教师认可度的十分重要。具体而言，Gamma系数为0.043，说明两变量之间不存在显著的等级相关。此外，渐进显著性sig值为0.557>0.05，所以不能拒绝虚无假设，也即在犯错误概率为5%的情况下，根据这些结果不能在总体中得出明确结论。

假设三：大部分教师认为该评选活动会让老师更加注重自身师德建设，如下表3所示。

表3 该评选活动让老师更加注重自身师德建设可行性分析

对称测量					
		值	渐近标准误差 a	近似 Tb	渐进显著性
有序到有序	Gamma	.378	.062	5.738	.001
有效个案数		162			
a. 未假定原假设。					
b. 在假定原假设的情况下使用渐近标准误差。					

通过对于162位老师的调研，我们发现，该评选活动对于让老师更加注重自身师德建设具有显著影响，并且呈现正等级相关。大部分教师对该评选活动的认可度很高，认为该评选活动的评选机制已经尽量公平公正，评选结果也具有代表性，并且该评选活动也影响了大部分学生对于好老师评价标准的认定，这些都说明目前的评选活动影响是正向的，我们研究其评选机制改进路径是有重大意义的。

四、师德建设途径分析

师资队伍的建设和发展在高校的发展改革过程中发挥着极其重要的作用，师德师风的建设更是其重要面向，因此，相应的师德师风评价机制理应获得足够的重视和思考。

经过前文的定性与定量分析，我们可以说，“最受本科生欢迎的十位老师”是一次行之有效的探索和实践，这不仅肯定了中国政法大学上一阶段师德师风的建设成果，更为下一阶段进一步巩固我校师德师风建设指明了方向。

对于学生而言，该项活动是一次直接表达观点看法、和老师直接互动的机会，不仅能表达敬佩、喜爱、感恩，更能直抒胸臆，提出对老师们的期待与建议。另外，该互动作为一种评价机制，有效反映了学生们心中“好老师”的评价标准，并能在学生中起到引导作用，让更多同学认识到什么是公认的好老师、好老师应当具备怎样的品德和学识，从而与老师们形成良好互动关系，激励老师们做具备良好师德师风的楷模。

对于老师而言，该项活动不仅是对教学事业的肯定，也是对于自身教学事业的一种审视和反思。因此，评选结果不仅代表了学生对其教学事业的认可，也代表了学生对其教育教学方式的喜爱，更能帮助老师们反思自身不足，不断完善、提升自身道德素质与专业知识，加强师德师风自我建设，不断向习近平总书记所提出的“四有”教师靠拢。

综上，不难发现被选为“最受本科生欢迎的十位老师”均符合“理想信念、道德情操、扎实学识、仁爱之心”的四有教师标准，均具备以下特点：

第一，他们积极投身社会活动，具有较高知名度和社会影响；第二，他们在学术研究领域勇攀高峰，一言一行彰显学者本色，都是在自身研究的专业领域有所建树、持续深耕的学者；第三，他们都高度重视课堂教学，在课堂上他们理论扎实、方法全学识渊博，既能将引经据典，又能将所教授的知识结合实时，创新探索，一言一行无不体现了他们深厚的学术素养和思维敏锐度；第四，他们乐于在学术和创新领域与学生进行深入的合作交流，在研究逻辑、理论规范和方法论的使用方面都能为学生提供最大程度的帮助；第五，他们充满人文主义关怀，传递良知，身体力行。

以上特点启示我们师德师风建设应立足于对理想信念、道德品质、学术水平和仁爱之心，这也同样成为师德师风得以彰显的必然路径。

一是在理想信念上，师德师风建设应考察教师们是否有为伟大事业不懈奋斗的坚定意志和情怀。法学教师们应向学生传递“实现依法治国”的目标，激励学生放眼开阔，成长为建设法治国家的中流砥柱；非法学教师们也应立足自身学科，从经济学、哲学、心理学等丰富视角传递了属于自己的“家国情怀”，不慕个人名利，坚守责任初心。

二是在教学上，师德师风建设应考察教师们是否用自己丰富的学识经历和不断进取的精神，将新的思考、新的发现融入进自己的教学之中，将课堂作为“永远奋进的战场”。这要求授课不仅要言之有物、深入浅出，更要提纲挈领，思路清晰，从而将学生带领进学术的大门，最终获得学科中和生活哲学上真正的智慧。

三是在言行作风上，师德师风建设应考察教师们是否能在繁忙的教学和科研工作中将自己和学生区隔开来，是否能尽心尽力地在各种场合为学生解答疑难。教师们对于学生的指导不应局限于合作探究学术问题，为学生解答学习和生活中的困惑，更应尝试加入学生之间成立的讨论小组、社团活动，尽最大可能贡献自己的价值，在提携后辈的道路上疾步不停。

四是中国政法大学作为法科强校，对于师德师风的建设应尤其重视教师是否具有“正义”的品质。“厚德明法，格物致公”是法大致力于培养的新时代法治人才，对匡扶正义的向往、对公平博爱的追求是每一个学生在法大学习过程中深植的信念。法治并不是冰冷地执行，而是需要对社会和立法背景进行全面的洞察，在理性客观的基础上兼备良知公德和同情之心。因此对于师德师风的考察中要求老师们从跨学科的领域讲授其他种类社会科学和人文理念，为学生的知识积累和未来目标提供哲思背景和广泛视野。

五是师德师风建设要求教师在做好教学工作的基础上承担更多社会责任，以求拥有良好的社会形象。

六是在师德师风的建设中要加强学生与老师的互动，用更深入的了解求得更真实、恰切的评价。